全員達成！　魔法の立ち幅跳び

「探偵！ナイトスクープ」のドラマ再現

ＴＯＳＳ体育授業研究会代表
根本正雄

まえがき

平成23年1月9日、箱根合宿から帰宅すると、大阪朝日放送「探偵！ナイトスクープ」の担当者から、出演の依頼があった。

「探偵！ナイトスクープ」は関西地区では、毎週金曜日23時17分～24時12分に放送されている番組である。放送エリアは関東を除いて、全国朝日放送系列ネットで放送されている。

番組は、視聴者からの依頼（ハガキ・メール等の便り）に基づき、探偵（出演者）がロケや収録を通して調査・実験等を行い、依頼者の謎や疑問を解明し、夢や希望を叶える内容である。

今回の内容は、長崎県在住58歳男性からの依頼で44歳の妻が立ち幅跳びをすると15㎝程しか跳べず、知人に「30㎝飛べたら1万円あげる」と言われ一生懸命練習したが、全く跳べる様子がない。「皆と同じくらい跳びたい」という妻の夢を叶えて欲しいというものである。

この女性の立ち幅跳びの平均記録は5㎝で、最高が15㎝である。これを半日で30㎝以上跳ばせてほしいという依頼である。収録日は1月11日である。予定をみるとあいていたので、出演依頼を受けることにした。

1月11日、長崎市の依頼者を訪れた。さっそく近くの公園の砂場でA子さんの立ち幅跳びを見た。確かに5㎝しか跳べない。何度やっても同じである。A子さんは小学校から運動が苦手で、水泳の授業では1度もプールに入らなかったという。蓋のあいているマンホールに気づかず落ちたこともあるという。

会って話してみると、運動はまったく苦手で、逆上がりはできない、縄跳びはできない運動音痴であると話された。これは厳しい。かなり困難な状況である。大学の先生、体操教室の先生にあたったが指導したことがないと断られたという。収録日の2日前に出演依頼が来るのであるから、よほどの事態であることが分かった。

最初の跳ぶ姿を見て、心配は的中した。今まで38年間子どもを指導してきたが、こんな跳び方の子どもはいなかった。練習を2時間行い、午後5時から本番が行われた。本番は1回だけである。

結果は驚くべき記録であった。何と１４３㎝も跳べたのである。テレビを見た関西地区の先生方からは、放映直後からたくさんのメールが届いた。家族で見ていたが、夫が妻が子どもが、感動していたとの声が届いた。

立ち幅跳びは、小学校の運動能力テストの種目に入っている。全学年で指導できる。ちょっとした指導で記録が伸びることが、今回のテレビ収録で分かった。

A子さんに指導した内容をもとに授業プランを作成した。それをもとに全国の先生方に同じような効果があるかを追試していただいた。その結果をまとめたのが本書である。

結果は、同じように記録が伸びたという報告であった。1年生から6年生までの実践報告が寄せられた。どのような指導で、どのくらいの記録が伸びたかが報告されている。学級のドラマが紹介されている。

本書を活用し、立ち幅跳びの記録を高めてほしい。指導原理は他の運動の指導にも役立つ。多くの運動の苦手な子どもの指導に役立てていただければ幸いである。

平成24年1月15日

根本正雄

目次

第3章　「根本式立ち幅跳び」追試の結果　31

※追試の記録は平成二十三年二月～二十三年十二月のものである

第1章

「探偵!ナイトスクープ」に出演　視聴率20・1%

踏み切り板を使った練習

平成23年2月18日、大阪朝日放送「探偵！ナイトスクープ」に出演させていただいた。出演までの経過はすでにまえがきで述べた通りである。

放送がされたあと、全国の先生方から「どのような指導をされたのですか」という問い合わせが多くあった。

立ち幅跳びを５㎝しか跳べなかった女性が１４３㎝も跳べたのである。その指導法が分かれば、多くの子どもに役立つ。そこで、番組では紹介されなかった指導過程について述べる。

1　5㎝しか跳べないA子さんを143㎝跳べるようにする

（1）立ち幅跳びが跳べない原因

2月18日、23時17分から、大阪朝日放送「探偵！ナイトスクープ」で立ち幅跳びの放送があった。関西地区の放送である。テレビをご覧いただいた皆さんからたくさんの感想をいただいた。

私も、奈良女子大学附属小学校で行われる日本体育教育技術学会参加のために、奈良のホテルで体育中央事務局の皆さんと一緒にみることができた。感動したという感想をいただいたが、途中経過が分からないという皆さんのご意見であった。私も同感である。そこで、経過報告をしたい。

A子さんの最初の跳ぶ姿を見て、私の心配は的中した。前方に跳ぶのではなく、上に跳んでいる。手の振り下ろし、振り上げはよい。立ち幅跳びの跳べない子どもに共通しているのは、前方に跳ぶのではなく、上方に跳ぼうとすることである。

跳ぶイメージができていないのである。誰かがどこかで、跳ぶイメージを指導してあげていれば、こんなに苦しまなかったであろう。原因は明らかである。そこで、A子さんに質問した。

「足のどこで蹴っていますか」

すると「足の裏全体で蹴っています」という答えが返ってきた。足の裏全体で蹴っていては跳べない。

なぜ、足の裏全体で蹴っては跳べないのか。やってみればわかるが、踵が地面に着いた状態で跳び上がれば、前方ではなく上方に跳んでしまう。だから跳ぶときに、踵を地面に着けないようにすればよいのである。

次に気が付いたのは、膝が伸びていることである。立ち幅跳びの動きで最も大切なのは、腰の沈み込みである。腰を下げ、膝を曲げてそのバネで跳ぶのである。A子さんの腰は伸びていた。腰が伸びていれば膝は曲がらない。

家族からは、「膝を伸ばしなさい」と何度も言われている。それでも膝は曲がらない。曲がらないのでジャンプが低く、遠くに跳べなかったのである。一瞬にして以上の2点の問題に気付いた。

（2）A子さんの実態を診断する

跳べない原因は分かった。次に心配だったのは、A子さんの運動能力である。脳や身体に障害があれば跳ぶことは無理である。

最初に大股歩きを行った。どれ位の歩幅で歩けるかを知りたかった。目安は30㎝である。A子さんは「簡単です」という顔で、即座に歩いた。80㎝以上の歩幅で歩いた。

その瞬間、私はA子さんに「素晴らしい」と褒めた。80㎝の大股歩きができたことで、脳や身体に異常がないことが分かったからである。単に跳び方が分からない問題なのである。大股歩きができたことで、30㎝以上跳べる見通しがついた。

次に、ケンケン跳び、ケンパー跳びを行った。両方とも普通に跳ぶことができた。即座に、「お母さん、素晴らしいです。天才です！」と拍手をしながら褒めた。それを聞いた番組のレギュラー進行役、長原成樹探偵は、「先生、褒めすぎと違いますか」と言ってきた。

褒めすぎではない。真実なのである。立ち幅跳びは5㎝、逆上がりはできない、水泳は小学校時代1回もプールに入らない、自転車はこげない、マンホールの蓋があいていれば落ちてしまう。

そういうA子さんがケンケン跳び、ケンパー跳びができたのである。しかもバランスの良い、リズミカルな跳び方だったのである。本当の運動音痴であれば、ケンケン跳び、ケンパー跳びはできない。

大股歩き、ケンケン跳び、ケンパー跳びができたことから、A子さんは正常な運動能力があり、普通に運動ができることが分かったのである。

立ち幅跳びが30㎝以上跳べる見通しがついたことで、私の喜びの気持が「お母さん、素晴らしいです。天才です！」という言葉になったのである。ケンパー跳びができれば、手と足の協応感覚は育っている。協応感覚ができていれば跳べるのである。協応感覚とは、動きを調整して、なめらかにする感覚のことである。

その後、長原探偵は、「先生、何とかなりますかね」と不安げに聞いてきた。私は自信を持って、「何とかなります」と答えた。A子さんは、手を叩いて喜んでいた。瞬間、指導の手順も頭に浮かんできた。

（3）立ち幅跳びの3つのテクニカルポイント

立ち幅跳びのテクニカルポイントを3点説明した。

1　膝を曲げて、そのバネで跳ぶ。

2　足裏全体で蹴るのではなく、つま先で蹴る。

3　膝を曲げると同時に両手を下げ、踏み切るときに両手を上にあげ、着地のときに下に下ろす。

実際にやって見せた。ゆっくりと沈み込み、そのバネを使って、斜め前方に跳んだ。軽く80㎝跳んだ。「Aさん、遠くに跳ぶには、膝を曲げ、つま先で跳ぶんですよ」と繰り返した。

次は、砂場のコンクリートのわくを活用することにした。砂場なので周囲がコンクリートになっている。コンクリートに足をかける様にして跳んでもらった。足をかけるので必然的に踵が浮き、つま先で跳ぶようになる。

体は前傾姿勢になり、斜め前方に跳べるのである。平らな地面で、「斜め前方に跳びなさい」「つま先で跳びなさい」と言っても無理である。跳んだ経験がないので、体の動かし方が分からないのである。

一番いいのは、理屈なしに正しいフォームで跳んでしまうことである。つまり、場づくりを工夫するのである。

今回は砂場のコンクリートを活用した。コンクリートに足をかけて跳べば、必然的に斜め前方に跳ぶしかない。足をかけた瞬間に体は斜めになっている。膝を深く曲げて跳べば、遠くに跳べるのである。すると、いきなり30㎝跳べた。

すかさず「Aさん、素晴らしい。天才だ！」と褒めた。Aさんは、にこっと嬉しそうに笑った。

そして両手で握手をした。「Aさん、跳べるじゃない。天才だよ」とたたみ込んだ。何度かやるうちに30㎝、40㎝、50㎝と跳べるようになった。その都度、「天才、上手、すごい」を連発し、握手をした。

次は、平地に近づけていくためにビールケースを用意した。膝を曲げ、つま先で蹴って、両手の使い方を習熟するために、ビールケースの上から跳ぶ練習を行うのである。

高いところから跳んだほうが、空中の滞空時間が長くなるので、一連の動きがしやすいのである。そこでも30㎝、40㎝、50㎝と跳べるようになった。

次は高さが20㎝の台の上から跳んだ。平地にだんだん近づけていった。60㎝を超す時もあった。跳ぶ感覚が分かってきたので、いよいよ、平らな地面での立ち幅跳びである。勝負はここからである。テレビではここまでが紹介されていた。

（4）143㎝が跳べるようになる

最初の目標は30㎝である。段階的な練習をしてきたので、何回かの練習ですぐにクリアーした。

「Ａさん、跳べたよ！　よし次は60㎝に挑戦だ」

何回か練習しているうちに、これもクリアーした。そのうちに疲れが出て、記録が伸びなくなった。ディレクターとアシスタントディレクターが、両脇から抱えて跳ぶ練習を何度も繰り返した。そのあと跳んでみるとなんと１００㎝を超した。これには私もスタッフも本人も驚いた。

「Ａさん、どうして跳べたの？」

「最初から踵をあげて、つま先だけで蹴ったんです」

「それだ、つま先だけで蹴るといいんだ。もう一回やってみて。膝も思い切り曲げてね」

何度やっても80㎝を超した。

「もう大丈夫だよＡさん。コツをつかんだから。やっと跳ぶ感覚をつかんだんだね。Ａさんはやっぱり天才だ」と褒めた。

いよいよ本番である。公園から車でラグビー・サッカー場に移動した。ちょうど午後5時であった。広い競技場には誰もいない。テレビ撮影のために貸し切っていたのである。照明が点灯され、運動場が照らされていた。本番は一回だけである。寒い中、Ａさんは緊張の眼差しであった。

ディレクターが叫んだ。「Ａさん、本番は一回だけだからね」

Ａさんは小さくうなずいた。ゆっくりと膝を曲げ、手を振り下ろして、つま先で跳んだ。みんなの視線が一斉に着地点に注がれた。何と１４３㎝も跳んだ。周りにはご主人、二人の子ども、知人が見ていた。

「うおーっ」という歓声が上がった。

私も驚いたが、本人も驚いた。家族も驚いた。スタッフも驚いた。練習での最高は１２０㎝であったからである。

跳ぶ前、家族は全員30㎝跳べないと言っていた。まったく期待していない。

「今日も朝から練習したが、一向に記録は伸びなかった」と言う。

いくら体育の先生が教えても無理だろうと話していた。それが１４３㎝も跳んだのである。「納得できない。信じられない」とご主人は繰り返した。

Ａさんは泣いていた。Ａさんに「超天才です」と言った。すかさずＡさんは、私に「先生は教える天才です」と言ってくれた。

私も人間の可能性の素晴らしさに感動した。動きのコツを習得すれば、できるようになることを目の前で学ぶことができた。Ａさんのおかげで収録は成功のうちに終わった。関係者全員が温かい、幸福感に浸ることができた。

Ａ子さんの夢が叶ったのである。運動の原理と方法が正しければ、５㎝しか跳べない人でも１４３㎝跳べるようになるのである。

2 「探偵！ナイトスクープ」の反響

多くの皆さんから「テレビを見て、感動した」というコメントが寄せられた。ＴＯＳＳの理念に基づいた実践である。動きの原理と指導の方法を示し、褒めていく指導であった。これも向山洋一先生の指導の賜物である。ＴＯＳＳ教育の成果である。寄せられた反響を紹介する。

①岡山県・川中朋子先生の感想

根本先生、一連のダイアリーを読みました。そして、国友先生のお陰で映像も見ることができました。感動しました。

「一瞬にして、Ａ子さんの課題を見抜き、指導をスモールステップで組み立てる」

「スモールステップでの進歩を褒め続ける」

プロの指導を見せていただきました。ありがとうございました。根本先生のように「確固とした指導法で確固とした言葉」で、しかも温かく包み込んで子ども達を指導したいです。

②「根本式立ち幅跳び」指導法と丸亀学級・子どもの「探偵！ナイトスクープ」の感想

感動をありがとうございました。あまりに感動して教室の子どもたちにも見せました。

一人まだ提出していませんが他の子全員分の感想を以下に載せました。

勉強が非常に厳しい子どもたちが多いですが、感じるところがあったようです。素直に気持ちを書いてくれました。お読みいただければ幸いです。

専科が風邪でダウン。専科の時間にクラスに入った。「探偵！ナイトスクープ」をみんなで見ることにした。人間の可能性！　すばらしい教師、根本先生の存在！を子どもたちに分かってほしかった。

1m43㎝の記録が出た時には「おー」と大歓声が上がった。視聴後、根本先生に2分の1成人式の取り組みや感想を褒めていただいたことを話すと子どもたちはとてもうれしそうだった。以下感想。

T・E（男）

最初におばさんが立ち幅跳びで平均5㎝しかとべないでいました。次におばさんが30㎝とべたら1万円やるという人がいました。それから1年たってもとべず、2年たってもとべず、3年たって根本先生に教えてもらったら全部ばっちりできて、ひみつへいきの箱も使って練習をしていました。

それで本番で1m43㎝とべたのですごかったです。ぼくも根本先生に体育をおしえてほしいです。とくに足が速く走れるようになりたいです。

K・H（女）

最初は平均5㎝だった人がたった1日で143㎝もとぶなんて思いませんでした。5㎝から143㎝もとぶと差は138㎝もあります。

たった1日なのに、その人はすごい努力をしたんだなあと思います。私はたった1日でそんなことができないのですごく天才だと思います。

私も努力をしてそんなすごい人になりたいです。もし、何回やってもできないことがあってもその人を思い出してたくさん練習をします。そしてその人みたいな努力家になりたいです。

F・D（男）

さいしょあのおばさんを見てぼくはびっくりしました。5㎝しかとべなかったからです。何回やっても5㎝だったから「わざとやってるんじゃないか」と言っていました。ぼくもそう思いました。

でも根本先生がそのおばさんを教えたら1日で143㎝とべたのでびっくりしました。ぼくは根本先生はすごいなーと尊敬しました。いつか仁摩小にもぜひ来てください。

4年生はおもしろいです。ぼくは根本先生に会いたいです。

T・J（女）

はばとびを5㎝しかとべない女の人を根本先生が1日で1m43㎝くらいとべるようにしているのを見てすごいなと思いました。小学生の女子でも（新体力テスト）6点もとれるような記録が出たのにびっくりしました。あの女の人は30㎝とべると1万円をもらえるのがすごかったです。私もそんなにはばとびができないけどすごいなと思いました。2分の1成人式の感想も見てくれてありがとうございました。それにほかにも4年生のことをほめてくれたりしてありがとうございました。

Ｍ・Ｒ（女）

はばとびが５㎝しかとべない人が出ていました。その人のお家の人や「探偵！ナイトスクープ」の人が指導してもとべないので指導してくれる人が来られました。

その方が根本先生でした。

丸亀先生が「すごい体育の先生だよ」と言っておられたので、すごーいと思いました。しかも体育の先生の上の先生なのでびっくりしました。

とべないおばさんはそんなすごい人に教えてもらえていいなと思いました。とべるようになるまでむずかしい練習をするのかなぁーと思いました。でもそんなにむずかしいことじゃなかったのでびっくりしました。しかも家でできそうだったので楽におばさんもできたと思います。アイデアでこんなに楽にできるんだなあと思いました。

本番です。おばさんは何ｍとべるのかなあと思ってわくわくしました。いよいよとびました。なんと１４３㎝とべたのでおばさんはすごい！と思いました。おばさんもすごいし、根本先生もすごかったです。私も根本先生にあって指導してもらいたいです。

③「探偵！ナイトスクープ」小松裕明先生の報告　Ｂくんのおばあさん

小松裕明先生のダイアリーに、「探偵！ナイトスクープ」を見たＢくんのおばあさんの感想が紹介されている。

小松先生の学級の保護者は熱心にＴＯＳＳの応援をしてくれているという。それも小松先生の素晴らしい指導のためである。

学級のＢくんのおばあさんが「探偵！ナイトスクープ」を見て、連絡帳に書いてきてくれたという。心に沁みる内容なので紹介させていただく。

Bくんのおばあさん

先日、仕事で夜遅くなり、床に入るのが深夜になり、何気なくテレビをつけたところ、ＴＯＳＳの文字が目に入りました。

一般の方の能力を解決するという番組の中で主婦の方が立ち幅跳びが５㎝しかとべないので何とかして欲しいという事でした。司会者は教師を指導する組織の先生と紹介していました。先生は、主婦の方のとび方をみて、フォームや屈伸の事など何も言わずに「わかりました」の一言。

だれが見ても不思議なとびかたをしていたのですが、その先生のした事は、ももをあげて歩かせ、ほめて、高さのあるコンテナの上からとびおろさせて、ほめ、コンテナの高さをかえて、とびおろさせてほめ、最後に10㎝の高さからとびおろさせて超天才の一声。

そして、普通に立ち幅跳びをさせたところが５㎝が１ｍもとぶことができたのです。

感動でした。

小松先生の日々のご指導を目で見させて頂いた感じがしました。子ども達はしあわせだと思いました。１年間、ありがとうございました。

④「探偵！ナイトスクープ」関西での視聴率　寺田真紀子先生の報告

寺田真紀子先生のダイアリーに「探偵！ナイトスクープ」の関西地区の視聴率の報告があった。第４位で、20・１％という高視聴率であったという。

視聴率20％の番組と聞いていたが、本当であることを聞いて驚いている。しかも深夜の番組である。これも皆様のおかげである。私にとってもよい思い出になった。同時に、ＴＯＳＳを広めることができたことが何よりもうれしい。ＴＯＳＳデー、セミナーでご活用いただければ幸いである。

寺田先生の報告してくれた関西での視聴率を以下に紹介する。

＊＊＊＊＊＊＊＊＊＊＊＊＊＊＊＊＊＊＊＊＊＊

関西での視聴率（2月14～20日）

	番組名	放送局	視聴率
1	報道ステーション（16日）	ABC	22・6％
2	相棒	ABC	21・5％
3	行列のできる法律相談所	読売	20・2％
4	探偵！ナイトスクープ	ABC	20・1％
5	サザエさん	関西	19・9％
6	四大陸フィギュアスケート女子フリー	関西	19・5％
7	秘密のケンミンSHOW	読売	19・1％
8	ホンマでっか!?TV	関西	18・9％
9	てっぱん（18日）	NHK	18・3％
10	江～姫たちの戦国	NHK	18・1％

⑤「探偵！ナイトスクープ」栗原元司先生からの質問

栗原元司先生より以下の質問をいただいた。特別支援教育の観点から、立ち幅跳びの実践について、どのように考えているかというものである。貴重な質問なので、栗原先生のご了解のもとに、質問と考えを紹介させていただく。

最初に栗原先生の質問である。

体育技術学会、ありがとうございました。お忙しいところ、申し訳ないのですが、質問をしてもよろしいでしょうか？「探偵！ナイトスクープ」、感動しました。体育科における優れた指導法はもちろんなのですが、特別支援教育の観点からもとても参考になるものではないかと私は、思うのです。

「できない子をできるようにする」

「ほめ続ける」

「スモールステップでわかりやすい活動をさせる」

ほめる、認める、触れる、励ます……。障害をもっているわけではありませんが、それに準ずるようなAさんだったのではないかと思います。

もし、よければ、特別支援教育の観点、視点からの根本先生のお考えを聞かせて頂ければこれほど嬉しいことはありません。特別支援の校内研修で、この実践を取り上げようとしたら、管理職に、「これは特別支援ではなく、体育科の指導法の実践だと思う」と、特別支援担当の先生と考え直してほしいと言われました。

私は全てではないが、特別支援教育の参考には十分になると考えております。お忙しいところ、すみません。お考え、お聞かせ頂けたら嬉しいです。よろしくお願いします。

それに対して、次のコメントを書いた。

「とてもよい質問でした。栗原先生の質問がなければ、特別支援対応のことには、触れられなかったと思います。私は特別支援学級が5クラスもある学校に教頭として勤務しました。そして、指導もしました。ですからいつも私の体育の原点には、特別支援の子どもがいます。縄跳びの指導もしました。どうしたら跳べるようになるかを考えました」

今まで多くを語らなかったが、私は特別支援学級が５クラスある学校に勤務したことがある。教頭として３年間関わった。予算、教育課程、学校行事、宿泊学習と深くかかわった。その体験が今回の立ち幅跳びにも大きな影響をもたらしている。

特別支援学級の子どもの実態をよく理解している。だから、「特別支援とは関係ない、体育指導」と言われたのを聞いて、栗原先生に返信をした。

⑥「探偵！ナイトスクープ」栗原元司先生への返信

栗原元司先生への根本の返信である。

Ａさんの指導はまさに特別支援に対応した指導でした。管理職の方に伝えてください。根本は下記の松藤先生の特別支援の指導の理論に基づいて、Ａさんの指導を組み立て、具体的な指導を行いましたと。

楽しい、嬉しいというドーパミンを出すために、ほめまくりました。その結果Ａさんは緊張感を抱かずに私の指導を全面的に受け入れてくれました。ビールケース、箱の台という場づくりによって、今まで体験しなかった指導をとおして緊張感が生まれました。ノルアドレナリンの分泌を促しました。

「ほほえむ・みつめる・声をかける・ほめる・さわる」指導によって、セロトニンが分泌され、Ａさんを癒していきました。そして、１４３㎝跳ぶことによって、最高の癒しが生まれました。

テレビでは放送されませんでしたが、Ａさんが跳ぶたびに「天才です。素晴らしい」と声掛けをして握手をしました。声掛け、ほめ、さわる行為をしていたのです。そして終始、ほほえみ、見つめていました。まさに、特別支援に対応する脳科学に基づいた指導をしていたのです。体育の指導だけでは１４３㎝は跳ばせられません。管理職の方に言ってください。「先生ならどのように指導しますか」と。

立ち幅跳びの指導の背後に、特別支援に対応する指導理論と方法があったことをお伝えください。そして、あの放送をもとに特別支援教育ができることをお話しください。合わせて体育教育技術学会の資料をお見せください。自信を持って、提案してください。

⑦サークルで見た！　感動！　根本正雄先生の立ち幅跳び——中田昭大先生の報告

根本正雄先生の立ち幅跳びの映像を見た。「探偵！ナイトスクープ」の映像だ。布村氏が映像を準備してくれた（ありがとう！）。私は、初めて見た。根本先生が出てきただけで、興奮していた。

根本先生はほめまくっていた。女性の方が、1回目であまり跳べない時から、ほめていた。そのあとの指導も、これでもかというくらいほめまくっていた。それも、ほめられると嬉しくなるようなほめ言葉だった。自分のほめ方はまだまだ少ないと実感した。

最後に、女性の方が自己新記録のジャンプをした時、映像の前で私たちは自然と拍手をしていた。教えてほめるということの具体的なイメージを得ることができた。大変、貴重な映像で勉強になった。

第2章

魔法の立ち幅跳びの段階指導

踏み切り板から跳び上がった瞬間

「探偵！ナイトスクープ」立ち幅跳び指導の放映後、体育の時間に子どもに指導ができないかを検討した。誰もが同じように実践して、同じような効果があれば多くの子どもの役に立つ。

そこで、「探偵！ナイトスクープ」で指導した内容をもとにして、段階指導を作成した。その指導を全国の先生方に実践していただき、効果を確かめることにした。追試の募集をして、実践をしていただくようにした。以下、追試開始にあたっての実施要項を紹介する。

1 「根本式立ち幅跳び」指導——追試の募集

「根本式立ち幅跳び」指導の追試の募集をします。

たくさんの実践をしてきましたが、根本式と銘打っているのは、逆上がり指導の飯田・根本式段階鉄棒以来です。それだけ今までにない指導法を提案しています。全国の皆さんに追試をしていただき、指導法を確立したいと思っています。1年生から6年生まで可能です。できましたら全学年のデータを集めて分析をしてみたいです。

1時間の中でできます。応募いただいた方には、実施要項、報告書の内容を添付でお送りいたします。必要事項をお書きになって、下記の根本のアドレスまでお送りください。

申し込み締め切り　3月3日

申し込み先　masao_n@d4.dion.ne.jp

申し込み事項

①氏名

②学年　児童数

③学校名

④メールアドレス

2 立ち幅跳び追試要項

この度はお忙しい中、立ち幅跳びの追試にお申し込みいただき、ありがとうございます。以下の内容で、追試をお願いいいたします。

①2時間扱いでお願いいいたします。1時間目は指導前の記録、場づくり、グループ作りをお願いいいたします。2時間目は実際に指導していただき、指導後の記録をお願いいします。授業内容は添付1に示してあります。

②子どもの記録は、添付2の記録用紙に記入して、クラスの平均も出していただければありがたいです。

③子どもの感想、先生の追試をされての感想、分析を添付3でお送りいただければ幸いです。

④場所は体育館でお願いいします。体育館でできないときには、運動場で結構です。

⑤結果は、3月20日まで、根本のメールアドレスにお願いいいたします。

⑥追試の経過については、SNS等にアップしていただければ、多くの皆さんの役に立ちます。

⑦出来ましたら結果を集約して、一冊にまとめたいと計画しています。ご協力のほど、よろしくお願いいいたします。

⑧不明な点がありましたら、根本までご連絡ください。

3　立ち幅跳び授業案

1時間目

①グループを作る。１グループ　５～６名

②場づくりをする。　子どもの人数によってマットの場を決める。

○　マット

○　マット

○　マット

○　マット

○　マット

○　マット

③指導前の記録をとる。１人２回行い、よい記録を記入する。

○の位置から跳ぶ。計測はつま先から踵までとする。

中・高学年は、グループで計測して、記録用紙に記入する。低学年は教師が計測する。

2時間目

指示１　先生が跳べない方法と跳べる方法でやってみます。どこが違うか、よく見ていてください。（ゆっくりと２回行う）

A　跳べない　①膝が伸びている　②踵がついている
③手の振りあげ振り下げができていない

B　跳べる　①膝が曲がっている　②つま先で跳んでいる
③手の振りあげ振り下げができている

発問１　A　B、どちらが遠くへ跳べますか。手をあげて下さい。人数を黒板に書きます。

※人数を確認した後、次の発問をする。

発問２　どうしてＢの方が遠くへ跳べるのですか。意見のある人は発表してください。

○膝が曲がっていた方が、バネがあるので跳べる。

○踵が着いていると跳べない。つま先で跳ぶ。

○手を使うと体が遠くに行く。使わないと高く跳べない。

説　明　みんなの意見をまとめます（教師の一方的な説明にならないようにする。子どもの意見や考えを出させてから説明する）。立ち幅跳びのコツは３つあります。

①膝を曲げます。この時、息を吐きながら、両手を下におろします。

②つま先で跳びます。つま先を蹴ると同時に息を吸いながら、両手を上に振り上げます。（最初からつま先の姿勢になる）

③着地する前、両手を下におろしながら、息を吐きます。膝は曲げます。

※ここが新しい提案です。呼吸に合わせて、動いていきます。①で全部息を吐き切ります。すると自然に膝は曲がります。両手をおろしながらすると自然に呼吸は吐けます。ここで一瞬息を止め、間（ため）を作ります。

つま先は跳ぶ瞬間にするのではなく、最初からつま先立ちになっています。つま先立ちになっていると、自然に前傾姿勢になり、斜め前方に跳べます。蹴ると同時に両手を上げます。手足の協応動作ができます。跳ぶタイミングが大切です。

息を吸います。

最後は両手を下に下げながら着地します。この時、息を吐きます。息を吐くと、膝は自然に曲がります。

イチ、ニー、サンと声を出させて跳ばせると呼吸を強調しなくてもできます。

※①②③のコツは次のように板書か画用紙に書いて明示してください。

①膝を曲げる　　息を吐く　イチ

②つま先で蹴る　息を吸う　ニー

③着地する　　　息を吐く　サン

イチ、ニー、サンと何度も声を出す練習をしてください。次に声に合わせて膝を曲げる、つま先で蹴る、両手を振り下ろして膝を曲げるを跳ばないで、その場で練習してください。

指示２　３つのコツを身に着けて、遠くへ跳ぶ練習をします。

①跳び箱１段の台から跳びます。つま先を台にかけて跳びます。

②次は踏み切り板の角につま先をかけて跳びます。

③最後はマットから跳びます。最初から最後までつま先で立ち、跳びます。

跳び箱、踏み切り板、床の順番で跳びます。

①跳び箱一段で練習	②踏み切り板で練習する
とび箱　マット	踏み切り板　マット
とび箱　マット	踏み切り板　マット
とび箱　マット	踏み切り板　マット
とび箱　マット	踏み切り板　マット
とび箱　マット	踏み切り板　マット

③マットで跳ぶ

指示３　３つのコツができたら、先生のところにきてテストを受けます。合格したら、グループの場で練習します。

指示４　グループごとに記録をとります。２度跳んで、よい記録を記入します。

全員終わったら、後片付けをします。

第3章

「根本式立ち幅跳び」追試の結果

跳び箱の台の上からの練習

1 千葉弥生会での「根本式立ち幅跳び」の実践

（1）追試原案の検討

「『根本式立ち幅跳び』指導　追試の募集」をしたところ、多くの方々から応募をいただいた。追試に先立ち、千葉弥生会サークルで「立ち幅跳び」の実践を行った。「根本式立ち幅跳び」追試の原案を作成して、その通りサークルの先生方にやっていただいた。

追試の原案には、発問・指示が書かれている。そのまま、子どもに指導ができる。実際に跳んでいただいた結果は次のようである。

番号	指導前	指導後	伸び
1	107	123	+16
2	180	229	+49
3	188	196	+ 8
4	220	236	+16
5	206	207	+ 1
6	209	226	+17
7	115	121	+ 6
8	172	186	+14
9	157	180	+23
10	157	170	+13
11	180	190	+10
平均	152.9	187.6	+15.7

会議室の床で跳んでいただいた。スーツ、ネクタイ、革靴の先生もいらした。私の作成したプログラムで行った。最初に指導前の記録を測定し、練習1回を行った後、指導後の記録を測定した。

平均の伸びは＋15・7㎝である。跳んだ先生方からはとても良い方法だという意見をいただいた。弥生会の先生方には、実際にクラスの子どもに追試していただき、3月3日までに報告していただくようにお願いした。

それらの追試報告をいただき、「根本式立ち幅跳び」追試要項を修正する。その後、全国の先生方に追試依頼をする計画を立てた。

（2）小林正快先生「根本式立ち幅跳び」の追試報告

千葉弥生会の小林正快先生から、「根本式立ち幅跳び」の追試報告がされた。子どもへの追試の報告は初めてである。

子どもの事実を見た、幅跳び指導法　小林正快

「えー　うそでしょ！」と子どもたちが驚くぐらいの結果が出た。子どもの事実が根本先生の立ち幅跳び指導法のすごさを物語っていた。昨日の弥生会で根本先生から直接指導していただいた。その通りに指導を行った結果報告である。

クラス平均18㎝伸びた。一番伸びた子は50㎝も伸びた。特に伸びたのは、上手に跳べていなかった子どもである。その子たちが指導後に記録をとると歓喜の声をあげていた。「○○さんすごい。20㎝も伸びているよ」と言うと「え！　きゃー！」と大喜び。子どもたちも手ごたえを感じていたのだろう。

伸びた子どもは31人中29人。15㎝以上伸びた子どもは17人。最高で50㎝伸びた。跳び箱が跳べるか跳べないか、逆上がりができるかできないか、幅跳びには明確にできるできないがあるわけではない。しかし、子どもの事実か

らこの指導法で子どもたちの記録は伸びたことが証明できた。

伸びなかったのはもともと跳躍する形がきれいな子どもがほとんどであった。その他の原因として考えられるのは3名。残りの3名はなぜ伸びないのか検討する必要ある。1人は自閉症の児童、1人は曲げた膝が勢いよく伸ばせない児童。もう1人は不明である。理由がまだわからない。追求していく必要がある。

小林先生の報告に対して、次のコメントをした。

「早速の追試、ありがとうございます。『31人中29人。15㎝以上伸びた子どもは17人。最高で50㎝伸びた。』この事実は凄いです。どこをどのようにしたら、跳べるようになったのか、子どもに感想を書いてもらってください。残りの3名はなぜ跳べないのかの検討、これが一番大切です。分析してください」

（3）小林正快先生の立ち幅跳びの追試――子どもの感想

小林正快先生のダイアリーに「根本式立ち幅跳び」の追試・子どもの感想が紹介された。全国の先生方に先立ち、予備追試をしていただいた。

感想で面白いのは、呼吸と動きと記録について書いていることである。今回の根本式の特色は呼吸との関連である。追試要項にも示してあるが、呼吸を重点的に指導してほしい。小林先生の学級の子どもの感想を紹介する。

子どもたちに根本式立ち幅跳びのアンケートを行った（無記名）。項目は次のとおりである。

1　伸びたか・伸びないか
2　どのくらい変化したか
3　ポイントは何だと思うか

４　感想

１・２は省略する。面白いのは３・４であった。

３　ポイントは何だと思うか

・手を思いっきり振ったから
・つま先に力を入れて跳んだこと
・息づかいとつま先立ち
・息を吸ってはいて止めること
・息の仕方
・足の裏を見せたから
・手・足をつけた
・手を挙げて、つま先で跳んだから
・足をまげることでよくとべるようになった
・手を挙げて息を吸って吐く（ウルトラマンみたいな恰好をした）
・足の裏を見せた
・息を吸ってとめて跳んだから
・手と息と手と膝を使ったから
・つま先
・膝をちゃんとまげて息をためたこと
・手の振り方
・膝をまげてとんだから
・つま先でとんで、呼吸をしていたから
・深呼吸などがよかった
・先生がすごいから
・息を吸ったり吐いたりすること
・膝を使ってつま先で跳ぶ

４　感想

・立ち幅跳びは、全然記録が伸びないからやりたくなかったんだけど、先生に教えてもらった跳び方で跳んだら、すんごく遠くまでとべて、すごいうれしかった。楽しかった。目標の１５０㎝よりもとべて、うれしかった。

（女子　35㎝ＵＰ）

・最初はぜんぜんできてなかったけど、先生に手のこと、つま先、足をまげることを教わったらできました。とてもうれしかったです。（女子　40㎝ＵＰ）

・最初は１４８㎝だったけど教えてもらった後は１７８㎝になり、30㎝も伸びました。そして呼吸や膝、つま先なども、すべてやってみると30㎝も伸びました。とても、やりやすくて記録が伸びてよかったです。（女子　30㎝ＵＰ）

・すごく跳べたからびっくりした。（男子　20㎝ＵＰ）

・最初は跳べないと思ったけどビックリするほど伸びておどろいた。（女子　48㎝ＵＰ）

・色々なポイントを教えてもらって、私が一番意識したのがつま先を使うことでした。つま先を意識したから20㎝も伸びたので、とってもうれしかったです。（女子　20㎝ＵＰ）

・記録が約30㎝も伸びるとは思わなかった。先生が記録を言った時とてもうれしかった。（男子　約30㎝ＵＰ）

・うでだけふっていて、息の仕方も気にしていませんでした。でもポイントを聞いて特に膝を意識してやったら40㎝もＵＰしました。（女子　40㎝ＵＰ）

子どもたちは感想に「とてもうれしかった」「伸びてビックリした」「とても楽しかった」等書いていた。子どもたちは満足していたようだ。

（4）大野眞輝先生――根本正雄先生の立ち幅跳びの指導

本日、弥生会。根本正雄先生から、立ち幅跳びの指導を直接教えていただいた。サークルメンバーも実際に跳んでみる。まず、指導をしていただく前に、一回記録をとる。そして指導していただく。その後、また、跳んでみる。

記録は２１０㎝から２３０㎝に伸びた。びっくりした。私は、体育大出身。なんとなく、立ち幅跳びのコツは知っているつもりでいた。どこの筋肉を使えば、跳べるのかもわかってるつもりでいた。だから、自分はそんなに伸びないだろうと思っていた。

ところが、どっこい。20cmも伸びた。しかも、バランスを崩し尻餅をついたにもかかわらず、20cm伸びた。びっくりした。

新しい視点だったのは、跳ぶときの呼吸の仕方。手と、足の動きが、呼吸によって連動した。また、視点を定めること、踵を浮かせることで、自然と、つま先を中心とした蹴りができ、前方に跳ぶことができた。

「つま先で蹴る」という言葉だけの指導だと、つい運動の連動性が途切れてしまう感覚になるが、これならば、自然と動きが修正できた。クラスでの追試が楽しみだ。クラスの子の記録が伸びれば、体力テストでも、自信を持つことができるだろうな。

2 「根本式立ち幅跳び」第一次追試の結果報告

「根本式立ち幅跳び」追試のお願いをしたところ、全国各地より17名の先生方からご報告があった。今回は、地震のため実施できない学校もあり、4月20日まで、延期された。

それにも拘わらず、3月25日現在、17名の皆さんからご報告いただいている。学年末、震災後のお忙しい中、追試をしていただき感謝申し上げたい。学年の内訳は次のとおりである。

1年	1学級
2年	2学級
3年	2学級
4年	4学級
5年	4学級

6年　　3学級

特別支援　1学級

お陰様で全学年の追試報告がされた。すべてがよい記録ではない。それでよいと考えている。記録の上がった理由、記録の上がらなかった理由を検討していく中で、よりよい方法が開発されていく。

運動能力の低い子どもの伸びが大きく、運動能力の高い子どもの伸びは低いという傾向もみられる。それらの原因を分析して、運動能力の高い子どもも伸びていく方法を開発していきたい。前期の報告を集計して追試の結果、後期の報告は4月20日である。新学期の実践をお待ちしている。

(1) 毛見隆先生の驚異的な報告

毛見隆先生から立ち幅跳びの追試報告があった。特別支援を必要とする子についての指導であるが、驚異的な記録の伸びである。どのような指導をされたのか、詳しい報告をしていただくようにお願いした。初めの記録より2倍も跳んでいる。しかも特別支援を必要とする子たちである。

根本先生、毛見隆です。遅くなりましたが、立ち幅跳び追試報告を送らせていただきます。本年は担任をしていませんので、休み時間に特別支援を必要とする子について実践しました。

今年は、担任をしていない。根本先生から追試依頼があり、迷ったがお引き受けした。昼休みや業間《なか》休みに運動場に出て、声をかけた。私が児童支援に入っているクラスの子で、運動面で気になる子を選んだ。やり方は、最初に何も言わず跳ばせ、次に「足の後ろを上げてつま先だけで跳ぶ」ことをさせた。全員が記録が伸びた。従って、高いところから跳ばせることはさせなかった。(従って、正しい『追試』とは言いがたい)

結果は以下の通り。Aが何も指示せず跳ばせた記録。Bが、指示した後の記録。

3年男子　体重40キロを超える運動が苦手な男子。

A　40㎝　↓　B　１１９㎝

2年男子　特別支援学級。体重は30キロを超える。

A　50㎝　↓　B　98㎝

1年男子　境界線児。特別支援学級には入っていないが支援が必要な子。体のバランスがよくない。

A　55㎝　↓　B　１０５㎝

1年男子　生まれてすぐ施設に入る。最近、母親と暮らし始めた。従って運動経験は豊富ではない。

A　45㎝　↓　B　１０４㎝

4人しか、実践できなかった。しかし、どの子も伸びている。やはり根本先生の実践はすごい。

(2)「踵を上げて跳ぼう」毛見隆先生の立ち幅跳びの指導の秘密

毛見隆先生の立ち幅跳びの指導の詳細が、次のように紹介されている。驚異の記録がどのようにして生まれたのかが述べられている。以下に内容を紹介する。これから追試される方は参考にしてほしい。

根本先生の立ち幅跳びの追試をした。「探偵！ナイトスクープ」のTV放送を見ていて、ポイントは「踵を上げて跳ばせる（つま先で跳ばせる）」だと思った。「踵を上げなさい」と指示するか「つま先（だけ）で跳びなさい」と指示するか迷った。

「つま先で跳びなさい」だと、意味が伝わりにくいと思った。つま先で跳ぶと言われても極端な話、踵を着けたままつま先に力を入れて跳ぶことも予想された。それに対して「踵を上げなさい」だと、やること（動き）がはっきりしている。そこで指示は「踵を上げる」ことだけに絞った。

「大きく腕をふって」とも「膝を曲げて」とも言わなかった。運動の苦手な子、特別支援が必要な子どもにとって指示はシンプルな方がよいと思ってひとつに絞った。

一度、跳んだ子どもに「もっと跳べるようになる方法があるよ」と言い「踵を上げてごらん。（子どもが踵を上げる）そのまま踵を上げたまま跳ぶんだよ」と言った。

あえて「せーの」とか「一、二、三、ハイ」とか跳ぶタイミングも言わなかった。跳ぶタイミングは子どもに任せた。

この記録を見て、「踵を上げて跳ぼう」の指示が有効であることが分かる。TVで放映された44歳の女性もこの「踵を上げて跳ぶ」コツを会得して、１４３cm跳べるようになった。私もこれから実践して、確かめていきたい。

（3）石坂陽先生――「根本式立ち幅跳び」指導を校内に広める方法

石坂陽先生のダイアリーに、「『根本式立ち幅跳び』指導を校内に広めるチャンスが来た」が書かれている。校内で体力向上の担当となり、担当者は３人。スポーツテストに関することを行うことが内容であるという。以下、石坂先生のダイアリーを紹介する。

スポーツテストと言えば、「立ち幅跳び」がある。「根本式立ち幅跳び」指導を生かさない手はない。もちろん、根本式立ち幅跳び指導を提案する予定だ。

どのように提案しようか？

どのように取り組もうか？

とても楽しみである。

まず、講習会を設けて、先生方に方法を伝える手段がある。また、私自身が出前授業に出る手段もある。この提案を何としても通したい。効果的な立ち幅跳び指導を世に広める一手となるかもしれない。

これに対して、次のコメントを書かせていただいた。

「一番いいのは、講習会を設けて、先生方に方法を伝えることです。やる前にビデオを見せて、イメージ作りをします。

ステップが示されているので、ポイントを理解できます。しかも最後に１４３㎝も跳べたのですから、指導法を信じることができます。許先生の編集された5分間のビデオ上映（本書１６５ページ参照）と提案をそのままやった後に、実技を通して方法を伝えていただければ、子どもの記録は伸びると思います。

指導前と指導後の記録をとり、比較していただくと立派な追試です。校内の記録が昨年に比べてどのくらい伸びたかを報告してくださるとありがたいです。

次は、石坂先生が直接行って指導してください。この場合も記録をとり、伸びを調べてください。結果を担任の先生に示してあげると、根本式指導法の良さが伝わると思います。提案が通れば、画期的なことです。期待しています」

（４）堀美奈子先生――立ち幅跳びＶＴＲ講座の紹介

堀美奈子先生のダイアリーで「根本先生の立ち幅跳びＶＴＲを講座で（みおつくしＴＯＳＳデー授業力アップ会場にて）」というご報告があった。次の内容である。

昨日、みおつくしＴＯＳＳデーの授業力アップ会場にて筒井隆代先生が、「細分化の原則」を扱う講座にて根本先生の立ち幅跳びの映像を用いて、細分化とはどのようなことかを講座で説明されました。

【省略】

とても好評で、映像最後の立ち幅跳びの成果のところでは、会場中に「おお～っ！」と歓声が響きました。ＴＯＳＳデーの参加者に「ＰＲのためのＶＴＲ」ではなく、講座の中でどうしてあのようにうまくいくのかを分析して伝えられたのがとてもよかったです。参加者の反応もとてもよかったです。

堀先生のダイアリーに次のコメントを書かせていただいた。

「筒井隆代先生の『細分化の原則』のご紹介ありがとうございます。また、立ち幅跳びの映像をご活用いただき、感謝申し上げます。細分化の原則の内容は私と同じです。参加者の反応がとてもよかったとのこと、安心いたしました」

各地のＴＯＳＳデーで「探偵！ナイトスクープ」の立ち幅跳びの映像を紹介していただいている。筒井先生は細分化の例として講座で使用されている。私も細分化して指導した。

立ち幅跳びの指導では、「細分化の原則」以外に、向山先生の授業の原則十カ条がほとんど入っている。

一時一事、簡明、所持物、空白禁止、個別評定、激励の原則である。褒める場面が映像では多かったが、映像にならない部分で授業の原則十カ条を指導した。ＴＯＳＳデーをはじめ、いろいろなところで活用していただきたい。

（5）太田聡美先生――立ち幅跳びの報告「根本先生の立ち幅跳び指導法で２ｍ超え続々」

太田聡美先生が、「根本先生の立ち幅跳び指導法で２ｍ超え続々」という報告をされている。以下の内容である。

スポーツテストをしたら立ち幅跳びの得点が高い。５年生の３学期に85㎝だった子もちゃんと２ｍを超えた。砂場が使えなかったのでマットを敷いてひな壇からとび降りさせたのだが、段を低くして行っても跳ぶ距離は変わらなかった。今年は陸上記録会があるのでしっかり鍛えておきたい。あのおばちゃんだけでなく全国の子どもが救われている。根本先生ありがとうございました。

６年生で２ｍとは立派である。しかも、５年生の３学期に85㎝だった子どもである。太田先生の指導の成果である。太田先生のダイアリーに次のコメントを書かせていただいた。

「２ｍ超え続々とのこと、素晴らしいです。立ち幅跳びは走り幅跳びの前段階として指導してきました。特に膝を曲げる、つま先で跳ぶ、腕の振りあげなどはすべて走り幅跳びに応用できます。陸上大会の練習に活用してください」

台の上からの立ち幅跳びは、そり跳びのフォームづくりのために行った。ひな壇から跳び降りさせる方法はとてもよい。つま先で蹴る体感ができるからである。しかも、一段ずつ下げて練習できる。

スポーツテストの前に練習をしてから測定してほしい。どのくらい伸びたのか、また報告していただけるとありがたい。

（６）河野健一先生――抜群の効果・「根本式立ち幅跳び」追試報告

河野健一先生から、「根本式立ち幅跳び」追試の報告があった。以下の内容である。

河野健一です。遅くなりました。立ち幅跳びの追試をさせていただきました。５年生32名。すごかったです。その一言です。慌ただしく指導してしまったにもかかわらず、抜群の効果でした。

１ｍに満たなかった２人が、１ｍを軽く超え、喜んでいました。他の運動も極端にできない２人ですが、余程嬉しかったようで、何度も記録をとろうとしていました。取り急ぎ報告致します。他に必要なものがありましたら、ご連絡ください。また、子どもの声等を集約できましたら、報告致します。

指導前の平均記録　１６４・９㎝
指導後の記録平均　１９０・３㎝
記録の伸び平均　25・４㎝

意見（分かったこと、問題点、改善点）は次のようです。

○子どもたちの記録は軒並み伸びた。１００㎝に満たなかった２人が１００㎝を軽く超える記録を出し、喜んでいた。また、既に２００㎝を跳んでいたような子たちも更に記録が伸び、できる子・できない子両方に効果があることがわかった。

○腕を振ること、膝を曲げることは、得意な子たちは既にほとんどの子たちができていた。一方「最初からつま先立ちになる」ことが目新しかったようである。これが、得意な子たちの更なる記録の伸びにつながったと思われる。

○苦手な子たちは、息を吐いたり吸ったりしながら膝を曲げ伸ばしし、腕を振ることが難しいようだった。①②③のコツをもう少し丁寧に指導すれば良かった。膝を曲げることができない子が多く、①の部分で個別評定を入れても良かったかもしれない。もしくは、最初は腕だけを教え、その後で呼吸、最後に足（膝とつま先）というようなステップで教えた方が良かったかもしれない。

河野先生の実践では、能力の高い子どもも低い子どもも伸びたという報告である。「できる子・できない子両方に効果があることがわかった」ということである。

これは今までにない報告である。能力の高い子どもは伸びにくいが、低い子どもは伸びたという報告が多かった。なぜそうなったのかを分析したい。

「最初からつま先立ちになる」方法が効果的だと述べている。「苦手な子たちは、息を吐いたり吸ったりしながら膝を曲げ伸ばしし、腕を振ることが難しい」とのことであるが、これは予想される。

腕と膝と呼吸を協応させることが難しいのである。時間をかけていけばできると思われるが、短時間で協応させる方法を工夫したい。

(7) 小林正快先生――「はだし」の「根本式立ち幅跳び」指導法追試

小林正快先生が「根本式立ち幅跳び」指導法を昨年度行い、記録の伸びた理由についてSNSで報告されている。次の内容である。

記録が飛躍的に伸びた理由は呼吸法とつま先を意識することだと考えられる。つま先を意識させる方法は跳び箱や踏切板を使って行った。しかし、それだけではないように思う。

あくまで自分の仮説であるがはだしで跳ばせたことも記録が伸びたことに関わっているのではないだろうかと考える。

【略】

すると、ほとんどの子がはだしになった。「はだしの方がつま先に力が入ります」と言う子もいた。結果はクラス平均20・7㎝。我流ではあったが、子どもの事実はある。

素晴らしい報告である。はだしの方が確かに感覚をつかむことができる。つま先に力が入り、強く蹴ることがで

きる。靴を履いているとつま先の感覚がつかみにくい。はだしだと直接床や地面に接触するので、感覚が伝わる。はだしで行ったのと靴を履いて行ったのと、記録がどのように変わるのかを実際にやって確かめてほしい。あるいは、靴を履く↓はだし↓靴を履くの順番で行い、どれが一番記録が良いのかを調査しても面白い。

（８）村田淳先生――「根本式立ち幅跳び」追試報告

「根本式立ち幅跳び」追試として村田淳先生の報告がされている。貴重な実践報告なので、紹介させていただく。

根本式立ち幅跳び追試

４年生、80名で実施した。

実態調査

１組　１３７・６㎝

２組　１４２・３㎝

根本先生の、立ち幅跳びの３つのコツを伝える

①膝を曲げる　息を吐く　イチ

②つま先で蹴る　息を吸う　ニー

③着地する　息を吐く　サン

いちにーさぁーんというかけ声でリズムをつくる。呼吸の趣意説明。何か、重い物を持つ時とか、力をいれるときってかけ声をだすよね。強い力を出すときと呼吸には関係があるんです。

立ち幅跳びの、いち、にぃ、さんで、一番力を出すのは何ですか？　さん！　ですね。

ここは、かけ声ではないけど、息を吐いています。でも、呼吸は意識しないでいいですよ。無意識です。息を吐

くためには、吸わなければいけません。

にぃ、で吸う。すると、無意識にさんで吐けるんです。だから、意識しなくていいです。で、１では、息を吐く。

普通は、１で息を吐ければ、２、３、は無意識でできちゃいます。

つま先を意識

２の時に、つま先に少しだけ体重をかけます。２でつま先にちょこっと重心がのって、あとは腕で振り上げます。

跳び箱の台で練習して、２時間目に計った結果、

１組　１３７・６㎝→１５４・０㎝

２組　１４２・３㎝→１５１・６㎝

記録が伸びた児童　65名

変わらなかった児童　12名

記録が落ちた児童　１名　１８０㎝→１７０㎝（もともと最高記録だった子。練習しすぎて腹筋が痛くなった）

もっとも記録が伸びた児童　１２５㎝→１６５㎝　腕の振りの協応がつかめた。タイミングがあった。

場づくりの工夫

壁にマットをつけてしまう。

このことで、ずれることを防げる。

この報告に対して、次のコメントをさせていただいた。

村田淳先生、追試報告ありがとうございます。

①写真がとても良いです。特に壁にマットをつけて動かないようにしている場づくりは初めて見ました。全体の様子が分かりました。

②呼吸の趣意説明、具体的です。特に「強い力を出すときと呼吸には関係があるんです」「普通は、１で息を吐ければ、２、３、は無意識でできちゃいます」とてもよい説明で分かりやすいです。この説明が記録を伸ばしました。

③記録が伸びた児童　65名。変わらなかった児童　12名。記録が落ちた児童　１名。

約80％の子どもの記録が伸びています。記録の落ちている子どもは、もともと記録が１８０㎝と高かったということです。

④もっとも記録が伸びた児童　１２５㎝→１６５㎝。腕の振りの協応がつかめた。タイミングがあった、とのことですが、やはり腕の振り、呼吸、つま先の蹴りのタイミングがあった時に、遠くに跳べます。協応動作が良くなったわけです。無駄がないフォームになっています。脱力しています。

貴重な報告ありがとうございました。追試の報告を頂くたびに、新たな発見がある。追試をされていない先生方、報告をお待ちしています。

（9）原田朋哉先生――「根本式立ち幅跳び」指導追試報告

①**【結果と感想】**

原田朋哉先生から「根本式立ち幅跳び」指導追試報告が届いた。2年生の報告である。36名が全員記録を更新したという。

【子どもの記録】

男子18名　女子18名　計36名

男女混合平均	はじめ	91・47	終わり	１１２・77	伸び	21・30
男子平均	はじめ	91・66	終わり	１１５・83	伸び	24・16
女子平均	はじめ	91・27	終わり	１０９・72	伸び	18・44

１時間の指導で平均21・30㎝も伸びている。これは凄い記録である。最高に伸びた子どもは35㎝である。最初の記録が75㎝→１１０㎝である。最初の記録はクラス平均にいっていない。ところが終わりの記録はクラス平均に近くなっている。

能力の低い子どもが一様に伸びている。伸びに着目すると逆転現象が起こる。逆転現象の起こる指導法は貴重である。

指導が的確に伝わり、能力の低い子どもの記録が上がる事実があれば、子どもの意欲は高まり、運動の楽しさが体感できる。コツを教えてもらったのが意欲を高め、記録向上につながったと書かれている。手品にかかったように記録更新をつづけたというのは嬉しい。

「根本式立ち幅跳び」指導の成果を示す報告である。報告②では原田氏の分析を紹介する。

【教師の感想】

子どもたちの感想からもわかるように、はじめの記録に納得していなかった児童が多かったが、教師からのコツ（根本式立ち幅跳び指導）を教えてもらってから、記録が伸びたことにより、運動することが楽しくなったり、次への高みに挑戦したいという意欲がでたり、自信をもったりした児童の姿を見ることができた。

子どもたちの記録も、37名中（欠席を１名を除く）36名が全員記録を更新することができた。この快挙に驚きを隠せなかった。

「教育は手品のようにいかない」とはよく言ったものだが、この時ばかりは、子どもたちは全員、手品のように記録更新を連発して見せた。自分の学級という小さい世界であるが、根本式立ち幅跳び指導の新たな教育界への提案の一歩に貢献できたことを幸せに感じる。

②【分析】

原田先生の分析を紹介する。「呼吸に合わせることを加えて説明した」とあるが、とても分かりやすい説明である。

呼吸を意識することによって脱力ができる。息を吐くことが全てである。息を吐けば、自然に息が入ってくる。息をどれだけ吐けるかが勝負である。

息を吐けば吐くほど膝が曲がる。「膝を曲げなさい」と言わないでも「息を吐きなさい」と指導すれば自然に膝が深く曲がるのである。吐き切った瞬間につま先で蹴るのである。その時、自然に息を吸っている。蹴る、吸う、手の振りあげのタイミングがあった時に記録は伸びる。これは短時間の指導でできる。原田先生の2年生の子どもがすぐ体得できたことから分かる。

次の指導場面は素晴らしい。

①3回も「イチ・ニー・サン」と言いながら師範する。【動きのイメージ作り】
②同じ動きをしてみせた。【動きのイメージ強化】
③子どもにも、一緒にやらせてみる。【ミラー効果】
④少しずつ動きが柔らかくなってくるのがわかった。【全身の脱力】
⑤この動きの変化が好記録を生んだのだろう。【手、つま先、呼吸の協応】

どのクラスも同じようにはいかないが、指導によっては、全員記録更新もできる可能性があることを原田実践は示している。是非、実践して、効果を確かめてほしい。

(10) 東郷晃先生――「根本式立ち幅跳び」指導の追試

根本正雄先生の「根本式立ち幅跳び」指導の追試をさせていただいた。

２年生35名　うち２名が第１時欠席　うち２名が第２時欠席　→31名分のデータ

男子14名　女子17名

平均　はじめ　１２１・06㎝　終わり　１２９・96㎝　伸び　８・９㎝

最高に伸びた子どもが38㎝。特に、原田先生も報告されているが低位の子どもの伸びが凄かった（思わず、すごい！　すごい！と何度も言ってしまうほどだった）。

逆に伸びが大きくなかった子どもはコツを思い浮かべながら動いていたのでややギクシャクした動きになっていた。低学年の子どもたちなので、もうしばらく続けていたらさらにスムーズな動きになったと思われる。

授業案に沿って授業を行ったが、イチニーサンの呼吸と手足の協応動作が難しい子どももいたので「すって～　はいて～　ジャンプ！」という指示に切り替えた。単に動きだけを指示するのではなく呼吸の指導を行うことで確実に動きが大きくなるように感じた（教師のそばでテストをうける際に呼吸音が聞こえる）。

なお、特別支援学級の児童１名についても同じ授業で、立ち幅跳びの授業は可能であった。

（11）福井慎先生――立ち幅跳び追試

立ち幅跳びの追試をしました。つたない指導でしたが、運動が苦手とする子、発達障害の子の記録が、かなり伸びました。感想を以下に書きます。

【感想など】

・指導前の段階で、①膝を曲げて跳ぶ、②手を大きく振る、③つま先で踏み切ることができている子が多かった。

・跳べる方法、跳べない方法を提示することで、跳べるポイントを自然に見つけることができた。

・一番、運動ができない子が28㎝記録を伸ばすことができた。もともと、ある程度の記録が出ている子は、前回の記録同様もしくは、それ以下の子が６人いた。

・ＡＤＨＤ傾向と診断されている児童は、具体的な指示やイメージできる言葉〝グッと膝を曲げるよ〟〝ウルトラマン、シュワッチ〟で動きをイメージ化させてから、〝イチ、ニーイ、サン〟と声と動きを合わす練習を行った。↓　結果、92㎝から１０３㎝へと記録を11㎝伸ばすことができた。
他学年でも、実施させていただく予定です。

（12）五十子弘祐先生――「根本式立ち幅跳び」指導の追試

4年生2クラス55人（2人見学、2人事前記録なし）で実践した。
実態調査　Ａ組　１３１・６㎝　Ｂ組　１３５・０㎝
一番記録が低い子が私のクラスのＣ君87㎝。80ｍ走も21秒以上かかりリズムを取るのも苦手である。
根本先生の立ち幅跳びの３つのコツ
①膝を曲げる　息を吐く　イチ
②つま先で蹴る　息を吸う　ニ
③着地する　息を吐く　サン
今回実践するにあたり、少し修正をした点がかけ声のところである。
①膝を曲げる　息を吐く　イーチ
②つま先で蹴る　息を吸う　ニッ
③着地する　息を吐く　サン
かけ声が「イチ」だとＣ君がリズムをとりにくそうだったのと、膝を曲げながら手を振り下ろす動作が難しいと考え「イーチ」にした。村田淳先生のダイアリーに紹介されていることも参考にし、息を吐かせることを大切にした。

結果

Ａ組　１３１・６㎝　→　１４７・６㎝（16㎝アップ）

Ｂ組　１３５・０㎝　→　１４９・５㎝（14・5㎝アップ）

記録が伸びた子ども　46名

記録が変わらなかった子ども　２名

記録が落ちた子ども　４名

最も記録が伸びた子ども　87㎝　→　１３０㎝（43㎝アップ）

記録が伸びなかった・変わらなかった子どもは、練習しすぎた子や、元々跳び方が完成されていて、始めからできていた児童であった。

子どもの感想

（当日）

記録が伸びるって聞いて練習したけど、こんなに伸びるって思わんかった。

作文の勉強をした時みたいに、たった1時間でこんなに伸びるってすごい。

（次の日）

めっちゃ筋肉痛や。全身が痛い。

消しゴム拾うのがこんなに苦しいとは思わなかった（筋肉痛で）。

指導して

２クラスで実践して感じたことは、一つ一つのステップがスモールステップであり、どの子も跳び方をマスターできていた。

今回修正したかけ声の点では、実際「イーチ」にすると、しっかり息を吐けるので、「ニッ」のつま先で蹴る瞬間に自動的に息を吸えていた。

かけ声の「ニッ」は、音をのばさず切ることで、跳ぶ距離が短い子も長い子も言いやすいと感じた。また「イーチ」でしっかり息を吐いている分、「ニッ」だとしっかり息を吸いながら跳べていた。

私のクラスのC君は跳び箱から跳ぶのに少し怖がっていたが、頑張って「イーチ」と言いながら練習していた。最後の跳び方テストの時には、驚くくらい跳んでいたので思わず「おぉぉ」と言ってしまった。それにクラスの子が反応し集まってきた。C君がもう一度跳ぶときには「すげぇ」「やったねC君」と大歓声とともに拍手。たぶん、C君にとって初めての体育での成功体験になったと思う。体育が終わってみんな教室に帰るときにも、隅の方で「イーチ」と少し小さめの声で、成功を噛みしめるかのようにもう一度練習していた。

次の日の健康観察では、９割以上の子が筋肉痛だった。普段使わない筋肉を使う。今回の指導法は立ち幅跳びで必要とされるすべての筋肉を使っていることがよくわかる結果となった。

（13）松下弘司先生――「校内特別支援教育研修で根本先生の『探偵！ナイトスクープ』を活用」

昨日は今年度最初の職員研修があった。最近は毎年、生徒指導研修と特別支援教育研修。特別支援教育研修で何かやって欲しいと頼まれたので、２月に放送された番組、「探偵！ナイトスクープ」で根本先生が、立ち幅跳びが５㎝しか跳べない44歳の女性を１４３㎝跳ばせたビデオを使って行った。

これはＳＮＳで、許鍾萬先生が紹介されていたのを参考にさせていただいた。根本先生は、特別支援の視点で指導を組み立て短く指示してやらせて、それを褒める。さらにスモールステップで次々とやらせては褒める。そして数時間で５㎝から１４３㎝跳ばせることができた。

途中でビデオを止めては発問を入れて、ＴＯＳＳデーの講座の感じで行った。堅苦しくなく、みんなわきあいあいの中にも真剣に考えていた。

特に感想は書いてもらわなかったが、「楽しい研修でした」と何人かの先生から言われた。自分でも改めて、教えて褒めることの大切さがわかった。

3 体育セミナー・講座での教師の追試

平成23年のTOSS体育セミナー・研修会の根本正雄の講座で、「根本式立ち幅跳び」の模擬授業を行った。その中で、子どもと同じように跳んでいただいた。記録は、子どもと同じように大きく伸びたという報告があった。紹介させていただく。

(1)「驚愕『根本式立ち幅跳び』指導の効果!! ～平均18cm最高45cm～」本吉伸行先生の報告

6月8日、本吉先生の体育サークルの特別例会が行われた。そこで、20分、立ち幅跳びの模擬授業を行った。参加した先生方全員に記録を測定していただいた。その結果について、本吉先生が報告されている。

「特別例会で根本先生による、『根本式立ち幅跳び』の指導がありました。一体、どれくらい伸びるのか。大人相手で、どの程度伸びるのか?

予想をはるかに上回るすごさ。素晴らしかったです。平均の記録の伸びが何と18cm強、40cmや、45cm伸びたという人もいました。根本先生は、根本式の核となる部分を指導してくださいました。是非、ご覧ください。終始和やかな雰囲気でしたが、記録のアップはすさまじかったです」

映像を拝見した。私も映っていたので驚いた。それにしても平均が18cm強とはすごい。この平均の伸びは、子どもの伸びと同じである。「根本式立ち幅跳び」指導法は、子どもにも大人にも効果があることが実証された。

（２）根本正雄直伝講座ＩＮ出雲報告

三島麻美先生「体育的セルフエスティームが上がるセミナー」

三島麻美先生の「体育的セルフエスティームが上がるセミナー　根本正雄直伝講座」を紹介する。体育の授業によって、セルフエスティームが高まる様子が、ご自身の体験から述べられている。素晴らしい記録である。

１　出雲で行われた、根本正雄直伝講座に参加した。根本正雄先生の直接指導が受けられる。さらに吉川廣二先生の表現運動の指導が受けられる。贅沢ですばらしい講座だ。

２　何度も言うが、私は本当に運動が苦手である。小学生の時、１００ｍ走は１２０名強の同級生の中でビリから２番目だった。ドッヂボールをすれば、いの一番に当てられ、あとは外野でボールが回ってくることはない。ポートボールをすればチームの満場一致でゴール役となり、しかもボールがなかなかとれず、チームメイトから叱られるありさま。勉強はそこそこできたし、学級長、委員長、運動会の実行委員、合唱部副部長と、わりと目立つ活躍が多かった私にとって、運動ができないというのはかなりのコンプレックスだった。

３　根本先生の直伝講座に参加して、生まれて初めて後ろ回りができ、褒めていただいたとき、王様ドッヂにコーン移動リレーなど、できない子が目立たない授業を知ったとき、こんなふうに教えてくれる先生に出会えていたら、と心底思った。そして昨年度参加したときは、奇跡的に活躍して根本先生に「先生は、運動神経がいいですね」と言っていただき、本当に本当に嬉しかった。なにせ、運動能力を褒められたことなど、皆無に等しかったから。

４　そして今年、憧れの立ち幅跳びの指導を受けることができた。本当に記録が伸びるのだろうかと、さすがに半信半疑。でも、根本先生からのご指導ならあるいは……と思い、指示通り、本気でやった。そり跳びはうまくはできなかったけど、一生懸命やった。そして結果は、１３６㎝から１５６㎝へ。グループのメンバーで歓声を上げて喜んだ。根本先生はにこにこしてそれを見ておられた。信じられない。たった数十分の指導である。ＴＯＳＳの指導はセルフエスティームが上がるけれど、私にとって「体育的セルフエスティーム」が上がるというのは特別な意味をもつ。それは、自分のコンプレックスが取り除かれることだから。

5　しかも、講座中、根本先生に「昨年度も来ておられましたね。覚えていますよ」と声をかけていただけた。なにをやっても褒められ、優しく声をかけてもらえる。そして自分の記録が伸びていく。こんな先生に出会っていたら、きっと私も体育が大大大好きになっていたに違いない。

6　根本先生に褒められたくて、準備や後片付けもフルスピードでやった。いい大人が集まって、どうやったら一番最初に準備を終わらせるかを真剣に考えていた。すっかり、根本先生のマジックにかかってしまっていた。

7　先生のいうとおりにやっていればできるようになる。一生懸命やって、先生に褒められたい。片付けだって、超がんばる！　先生に「一番！」っていってほしいから。子どもたちにこう思ってもらえる教師に、私もなりたい。子どもたちのセルフエスティームを上げられる教師に、なりたい。一歩でも、近づいていきたい。

（３）雨宮久先生「楽しい体育を実感した」

できないことができるようになる瞬間は自然と笑顔が出る。楽しくできて笑い、できるようになって、笑う。ＴＯＳＳ体育甲信越フレッシュセミナーｉｎ山梨。

根本先生を山梨におよびするのは、これで５回目である。１回目は、今から20年も前になる。ベリーロール、あたまはねとびの講座だった。そんな話を根本先生と車中でした。

今回の目玉は何と言っても根本先生の「立ち幅跳び」の授業だ。映像でみるだけでは分からないライブの学びがたくさんあった。

一つひとつの根本先生の話し方。呼吸。立ち位置。目線。そしてテクニカルポイントの提示。タイミング。すべてがライブでないと本当のところは伝わらない。

この日、全員が記録が伸びた。１００㎝近く伸びた人もいた。１００㎝!! すごすぎる。すべての授業者にコメントをしてくださった。しかも、ノートに書くところをホワイトボードに書く。授業を見ながらの分析。授業が終わった時には、分析が終了している。

全員がボードの前で根本先生の解説を聞く。授業はどのような組み立てになっているのか、学習指導要領との関連、テクニカルポイントとその活用、探究の運動。明確に示され、頭の中がすっきりした感じだった。非常にお得な講座だった。

（4）冨築啓子先生「立ち幅跳び39㎝伸びた!!」

根本先生の立ち幅跳びの模擬授業は、これまで千里特別例会、表現セミナーと2回受ける機会があった。でも、実際には受けていない。

身体が重いからうまく跳べないだろう……どうも跳ぶ系の運動は苦手だし……。

結局、自分の模擬授業の後始末をする等自分なりの理由をつけて、根本先生の模擬授業には参加せず、見ているだけだった。参加された人達が、記録が伸びた!!とびっくりしたり、驚いたりしているのをへぇ～、やっぱり記録は伸びるんだ……ちょっと冷めた感じで見ていた。

先日のてんこもりセミナーｉｎ三重でも根本先生の模擬授業があった。今回も立ち幅跳びだった。う～ん、どうしようかな。跳ぶ系は苦手だし……。一瞬思ったけど、へったくそでもいいや。三重まで来て、見てるだけっていうのももったいない。そう思って、模擬授業に参加した。

子ども役になって根本先生の説明を聞いた。見学者で周りから見ているより、ずっとよくわかる。根本先生の模擬授業も何度もされている間により洗練されてきたというか、よりわかりやすくなってきたように感じた。

(根本先生、偉そうなことを言ってすみません。)

子どもにもこんな風に楽しそうにやってやればよかったんだ。昨年度末に前のクラスで追試した時は、やらせて記録を取ることだけに気持ちがいって、子ども達が楽しんでやれるように全く持っていけていなかったな。自分のやり方を反省した。

さて、今回の自分の記録だが、初めほとんど練習しないで2回記録を取った。

1回目、1m23㎝。着地したら、ここしばらく調子のよくない腰にビーンと響いた。おっと、あかん、あかん。気をつけよう。

2回目、ちょっと気を抜いて跳んだら、1m。腰には響かなかったけど、1mしか跳べないなんて‼ あんまりだなと思った。やっぱり跳ぶ系の運動は、あかんなあ。それで、いい方の1m23㎝を紙に書いた。

呼吸に合わせて膝を曲げること、手を振ること、つま先で跳ぶことなどの説明を受け、跳び箱の1段目からと踏み切り板から跳ぶ練習をした。

そして、練習後の記録を計った。1回目、160㎝。えっ、うそ⁉ 伸びてるやん! 腰にもちっとも響いてない。

2回目、162㎝。おっ、また少し伸びた‼ え~、うそみたい。呼吸と合わせて、ほんの2回ほど練習しただけなのに。

根本先生のやり方で跳ぶと、私でも記録が伸びるんだ‼ 紙に記録を書いた。

1回目、123㎝。2回目、162㎝。伸び、39㎝。

ここ数年、肥満がかなり進んで、体力が衰えている私でも、根本先生の立ち幅跳びは、効果があるということがわかった。やっぱり、すごいなあ。

（5）地川雅望先生「根本正雄先生の立ち幅跳びの指導　会場の最高記録を出した」

45cmＵＰ!!　1回目１０５cm→2回目１５０cm。すごい!!と思った。根本先生の指導が。

1回目と2回目の間に指導があった。その指導を忠実にやっただけ。それで45cmＵＰ。時間がなかったので、跳び箱と踏み切り板を使った練習は割愛された。割愛されなかった指導は呼吸法。いつ呼吸をすればよいかタイミングを教えてくださった。呼吸をタイミングよくすることで膝が曲がる。腕も上がる。跳びやすいフォームを作るのだ。

呼吸を教えるだけでも効果があるのだ。来年度の全国体力テストの前に今日ならったことを全校朝会でやってみたいと思った。もちろんクラスの子どもにはやる。水曜日の3時間目。今からワクワク。

立ち幅跳びをする際、チームを作った。チームの作り方に感動。均等に分かれた。チームごとに準備→測定→練習→測定→片付けを行った。一つひとつの動きが心地いいのだ。

原因として、適度にリズム太鼓のリズムが会場に流れている。速くもなく遅くもなく。この微妙な速さに気付くことの大切さを教えてくださった。速さの違いに気付く力もいる。私には気付く力がなかった。

また、根本先生は数字で評価することを大切にされていた。記録もカードに記入、カードと言っても簡単なもの。Ａ4の紙を4つに分けたもの。準備が簡単。この簡単さがいい。しかも根本先生が事前に書き方のフォーマットを提示されるので混乱しない。

（6）小松和重先生「感動の体育てんこもりセミナー」

最後は、根本正雄先生の授業だった。根本式立ち幅跳びの指導である。テレビで、5㎝しか跳べなかった主婦が、根本先生のご指導で143㎝跳べたという実践である。講演など、根本先生からお話は聞いたことがあったし、放送のビデオも見たのだが、直接実技指導を受けるのは初めてだった。

根本先生の体育指導は10年前から何度も受けている。毎回、感動がある。指導は丁寧だ。体育授業のマネジメントも兼ねていたので、並び方、用具の並べ方、指示の出し方が明確だ。若い先生方には特に参考になるだろう。

今回は、息の使い方がポイントである。実際に自分で跳んでみて、実感した。本に書かれてあっても、息までは伝わらない。思ったよりもゆっくりとしたフォーム、息づかいだった。

立ち幅跳びの記録が伸びたのも驚きだが、根本式として、授業化されたところがすばらしい。毎年追試できる。

4 谷和樹先生――立ち幅跳びの映像への学生の感想

4月19日（火）教育方法学で、根本先生の「立ち幅跳び（『探偵！ナイトスクープ』）」の映像を学生にみせた授業のあとの感想を紹介する。

100名以上が受講しているが、いずれも長文で、ほとんどすべての学生が根本先生の映像に触れていた。「授業観」が根底からくつがえったと思える感想もあった。やはり事実の持つ力は大きい。

以下、膨大な感想のごく一部。順不同である。

■1

VTR一つ目の〈5㎝しかとべないお母さん〉の解決方法についてですが、前回もお話があったとおり、今回このＶＴＲから本当にプロ中のプロが指導すれば、今までできなかったことが2時間ほどでできてしまうということが分かり、やはり将来、私自身そのプロになりたいと思っている側の人間であるので、たくさんの模擬授業や、アドヴァイスを通して学びたいと思った。

■2

教師の授業力の大切さが再確認できた。授業前半の立ち幅跳びのやつで、教える前に色々とやらせて（足が上がるかや、協応動作がしっかり行えているか）その時点で可能かどうか見極めていることに驚いた。

そのためにも、そういった予備知識的なものをしっかりと身につけておく必要があるのだと感じた。

■3

今回の授業をうけて、はじめ、立ち幅跳びのビデオを見て、お母さんが１４３㎝も跳べるようになったのに驚いた。

やはりプロの人の教え方、褒め方、練習の仕方など、素人が教える方法とは全く違っていました。そのように、勉強や運動を教える技術を身につけることが必要だと思った。

■4

今日はビデオを観て、素人とプロの違いに衝撃を受けました。家族がやっていたようなアドバイスを僕も考えましたが、根本先生はとにかく褒めて、段階をふんでやっていて、結果的に2時間の指導だけで5㎝から１４３㎝に記録が伸び、すごいと思いました。

■5

立ち幅跳びの指導のＤＶＤを見せていただいて、ＴＯＳＳの先生の技量はものすごいと思いました。根本先生の実践を調べてみたいと思いました。

細分化がされた上で、どんなに小さなことでも「すごい！」「天才！」などと言って必ず褒めていたことがすごいと思いました。

できるようになるということは、能力だけではなく、その時のやる気を起こさせたり、達成感も関わっているんだなと改めてわかりました。協応動作というキーワードも出てきたので、詳しく知りたいと思いました。

■６

立ち幅跳びのビデオを観て、まず５㎝しか跳べない人がいることに驚き、衝撃的でした。

そして、笑ってしまいました。

もし、自分が先生だったら、いけないことだと思います……。私が、その５㎝しか跳べない人に教えることになったら、まずその場で高くジャンプというのを連続でやります。

それから、その連続ジャンプの延長で、着地したら深く膝を曲げ、また跳ぶ、ということをゆっくりで良いからやってみようとさせていたと思います。

しかし、ビデオの中の家族からのアドバイスでその場で跳んでみてといわれても５㎝くらいしか上にあがっていなかったので、あまり意味のないことであったのかなと思いました。

２時間の指導で１４３㎝も跳べるようになるとは思いませんでした。

「足のウラをうしろの人に見せるように跳んでごらん」と、私も言われたことがあります。

しかし、台の上から跳ぶことでより効果があったのだとわかりました。

私は鉄棒の逆上がりがどうしても出来ないので、根本先生から直接教わってみたいです。

■７

今日の立ち幅とびの指導には驚きました。あのような面白い番組だから笑ってみていられましたが、もし、自分が教師になったとき、あのような子どもがいたとして、本当に指導ができるのかと考えたら現時点では無理だと思います。

自分の技術が足りないばかりに、子どもの悩みを解決できないのは悔しいし、子どもにも申し訳ないと思います。ただ、今日学べたこととして、とにかく褒めることと、笑顔を見せることと、無理と言わないことです。

これなら私にもできることだと思うので、これからその点を意識して、自分の能力をあげていきたいと思います。

■8

５㎝しか跳ぶことの出来なかった主婦が、たった2時間の指導を受けただけで１ｍ以上も跳ぶことができるようになった映像には、声を出して驚いてしまった。

「教える」にはただ知識があるだけではなく教わる側の視線でリズムよくはげますことが必要であるのだと学んだ。

先週、先生がおっしゃっていた「授業には上手なものとそうでないものの２つしかない」と言った意味が分かった。

■9

立ち幅跳びのＶＴＲを見て、絶対に伸ばせない子どもの力はないのだということを知れました。プロは子どもの眠っている力をも引き出してしまう、子どもにとってのスーパーヒーローだと思いました。誰かのヒーローになれるなら、私もきちんと技術をつけて、たくさん反省して、プロの教師になりたいと思いました。

■10

５㎝しか跳べない方を指導して１ｍ40㎝も跳べるようにしたのは本当に驚いた。私は低い姿勢からとびあがった後に、空中でうでを大きく上にあげて伸びあがる〝空中での動作〟を重視した指導案がいいような気がしていたのですが、その人が〝跳ぶ〟という感覚を理解していないのだから、空中動作ではなくその前の動作からやらなければいけないということを学習することができた。

谷先生がおっしゃっていたように、ＶＴＲで根本先生もものすごく褒めちぎっていてあらためて見てみるとそのすごさを実感した。やりすぎかな、ぐらいでちょうどいいのかな、と思った。

5 和田孝子先生「探偵！ナイトスクープ」出演のチラシ

和田孝子先生は「探偵！ナイトスクープ」に出演のチラシを作成してくれた。全国の先生方に配布してくださり、ＴＯＳＳデーに活用するようにしてくれた。お陰で、全国の先生方に「探偵！ナイトスクープ」の様子が伝わった。

次の内容を紹介してくれた。

【根本先生「探偵！ナイトスクープ」にご出演のチラシ】向山先生に見ていただき、修正したものを再度アップしました。

根本先生が「探偵！ナイトスクープ」に出演したチラシを向山先生に見ていただきました。直々に見ていただきましたこと、本当にうれしく思います。（次ページ参照）

また、郵便教育セミナーのご講演の中でも取り上げていただきました。本当に感激です。

向山先生、ありがとうございます。お忙しい中、細かい文章にも目を通していただきました。そこで、向山先生直々に数字の間違いを発見していただきました。直ちに修正いたしましたのでダウンロードしてご活用ください。

たった5cmしか跳べない女性
TOSSの指導法で何cm跳べたのか…？
衝撃のテレビ映像　全国に波紋広がる

テレビ朝日系
『探偵！ナイトスクープ』に
2011年2月18日（金）**立ち幅跳び指導**で、
ＴＯＳＳ体育授業研究所代表の
根本正雄氏が出演！

３年間練習し続けても、
たった５ｃｍしか跳べなかった女性。

⇩

２時間の指導で、大激変!!!

【問題１】
　１万円の置いてある**３０ｃｍ**を
　跳べたでしょうか？
【問題２】
　（跳べたなら）**何ｃｍ**でしょうか？

女性からの言葉
「先生は、教える天才です!」

【問題１・答え】跳べた!!!
【問題２・答え】なんと１４３ｃｍ

『探偵！ナイトスクープ』とは…

1988年（昭和63年）3月5日から放送される視聴者参加型バラエティ番組である。スタジオをひとつの探偵事務所と想定し、視聴者から寄せられた依頼を、探偵局員（レギュラー芸人たち）が投稿した視聴者と共に調査し、その過程のVTRを流すという構成になっている。「ナイトスクープ」における依頼内容は非常に多岐にわたる。人捜し、物捜し、場所捜しのような本格的な調査を伴うものをはじめ、街頭調査や現地リポート、実験を伴うものもある。

根本正雄氏
（ねもと　まさお）
1949年茨城県生まれ。1972年千葉大学教育学部卒業。千葉市内の公立学校の校長をつとめた後、平成22年3月をもって定年退職した。TOSS体育授業研究会代表をつとめる。
日本中の体育を専門とする教師だけでなく、体育指導に日々悩んでいる若手教師がバイブルとしている『楽しい体育の授業』（明治図書）の編集長をしている。

TOSSとは

Teacher's Organization of Skill Sharing（旧・教育技術法則化運動）のこと。授業・教育にすぐに役立つ教育技術・指導法を開発し，集め，互いに追試し，検討しあって，自らの授業の技術を高め，集められた教育技術・指導法自体もよりよいものにしようと努める教師の団体。現在は技術や指導法をTOSSランドに公開している。
代表は向山洋一氏（元東京都公立小学校教諭，上海師範大学客員教授）。著書は『授業の腕をあげる 法則』，『子どもを動かす法則』，『学級を組織する法則』，『いじめの構造を破壊せよ』（明治図書）等100冊以上。

TOSSランド　http://www.tos-land

第4章

追試による新しい指導法の確立

跳び箱の台で沈み込みの練習

1 追試報告　1年

（1）石橋健一郎先生の追試報告

根本正雄先生より立ち幅跳びの追試授業の依頼がありましたので、以下の方法で実施いたしました。

1時間目　指導前の記録をとる。

荒田小学校1年2組　男子9名　女子12名　計21名

発問1　A　B、どちらが遠くへ跳べますか。手をあげて下さい。

全員がB！

発問2　どうしてBの方が遠くへ跳べるのですか。意見のある人は発表してください。

・手を大きく振るとたくさん跳べるから。
・足を曲げた方がジャンプしやすいから。
・足と手がよく動いているから。
・ジャンプする前に、体が前かがみになっているから。
・速く走るときと同じで手をたくさん振って、つま先で跳

イチ、ニー、サン！

んだ方が跳べると思うから。

そうですね。速く走るときのコツと同じですね！　いいところに気がつきましたね！

子どもたちは、どんどん跳んでいきます。その様子を見ながら、良いところをほめていきました。「よく膝が曲がってるね！」「腕の振りがいいよ！」「ちゃんとつま先で跳んでるね！」そうして、全員が遠くに跳ぶコツをつかんだところで、記録を取りました。

指示1　記録を取ります。2度跳んで、よい記録を記入します。

鹿児島市立荒田小学校　立ち幅跳びの記録

1年2組　男子9名　女子12名　計21名

第1時　3月11日　第2時　3月15日

No.	性別	はじめの記録（cm）	終わりの記録（cm）	伸び（cm）
1	男	135	145	10
2	男	110	117	7
3	男	118	120	2
4	男	117	120	3
5	男	128	130	2
6	男	98	100	2
7	男	115	130	15
8	男	125	130	5
9	男	118	137	19
10	女	98	123	25
11	女	75	107	32
12	女	85	103	18
13	女	122	160	38
14	女	98	128	30
15	女	98	116	18
16	女	121	124	3
17	女	105	110	5
18	女	99	105	6
19	女	90	125	35
20	女	124	130	6
21	女	89	98	9
平均		108	121.8	13.8

跳び箱・踏み切り板・マットでの練習をした後に記録を取りました。素晴らしいことに、どの子も記録が伸びました。指導前の記録の平均は１０８cmでしたが、指導後の記録の平均は１２１・８cmとなり、平均して１３・８cm記録が伸びました。また、記録が15cm以上伸びた子が９人（42・８％）もいました。クラス全体としては女の子の方が記録を伸ばすことができました。

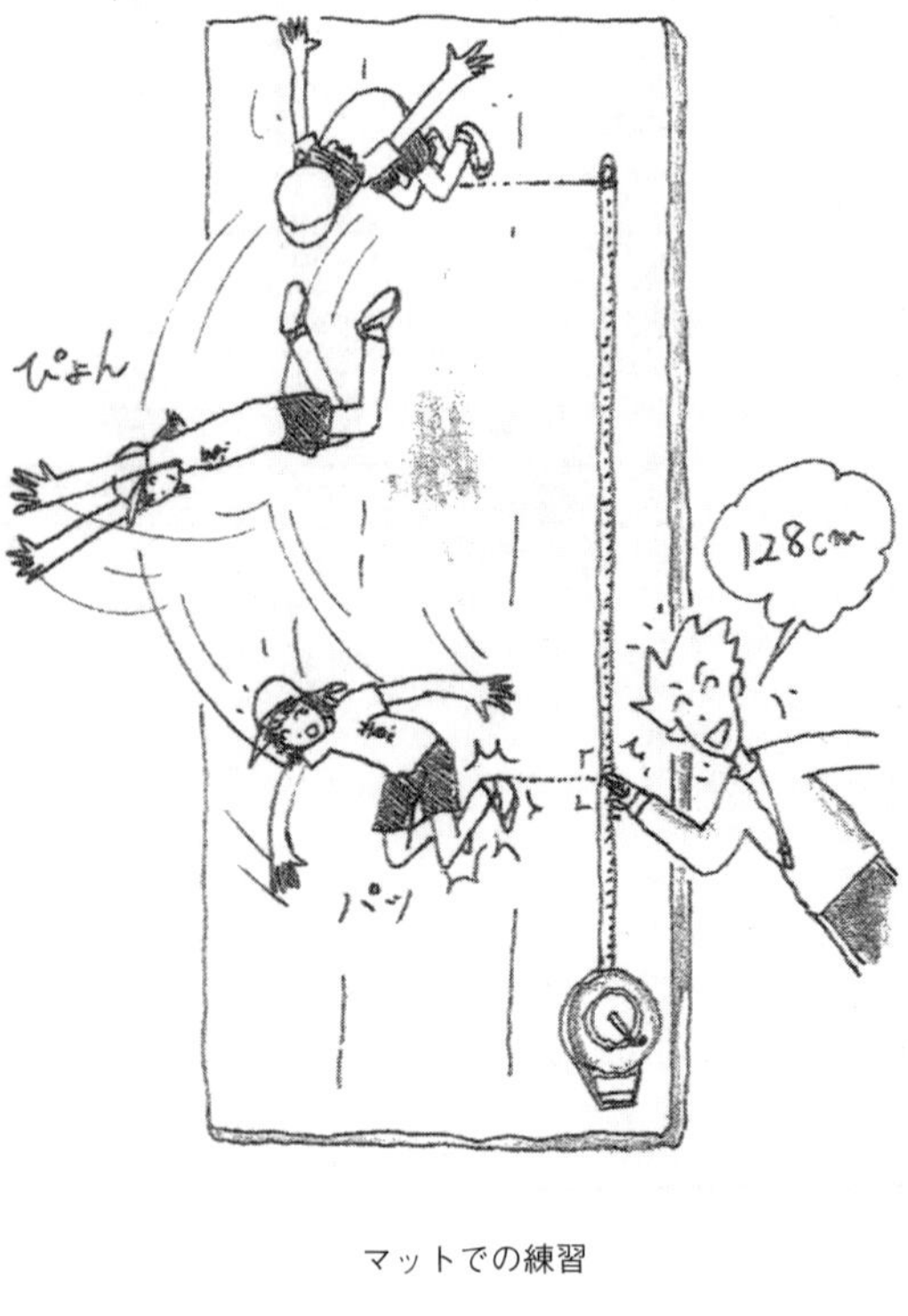

マットでの練習

楽しい体育の授業
第１学年　立ち幅跳びの授業③
子どもたちの感想と担任考察

子どもたちの感想

○練習はちょっと難しかったけど、最後に遠くに跳べてうれしかったです。
○思いっきり跳んだら、着地が難しくてころんだりしたけど、記録が伸びてよかったです。
○つま先だけで跳ぶのが難しかったです。
○膝を曲げてしゃがんだら、トイレに行きたくなりました。

担任考察

①立ち幅跳びは、両足をそろえて跳ぶ単純な運動ですが、子どもたちはとても意欲的に取り組みました。「もっ

と跳びたい」「もう一回やりたい」と、楽しそうに立ち幅跳びに取り組む1年生の様子を見て、立ち幅跳びの授業を実施してよかったと感じました。

②授業の大きな流れは、「1．指導前の記録を取る。2．腕・膝・つま先・呼吸の指導をする。3．指導後の記録を取る」の3つです。そして、結果的にどの子も記録を伸ばし、跳ぶという運動の楽しさと運動には上手にできるためのコツがあることを実感できるたいへん素晴らしい授業だと思います。しかも、授業がたいへんシンプルで無駄がないところも良いと思いました。

③発問1については、クラスの子全員がBと正解に手をあげました。これについては、改善が必要だと思います。例えば、「遠くに跳ぶにはどんなところに気をつけて跳んだらいいでしょうか？」から、意見を出させ、指導前によく跳んだ子を跳ばせて、遠くに跳ぶコツを見つけていくなどです。そして、呼吸については、なかなか意見が出にくいと思いますので、そこで、呼吸の指導を入れてもいいかと思います。

④跳び箱を使っての練習で子どもたちは、つま先で踏み切る感じがよくつかめました。つま先で踏み切ると、ちょうど跳び箱の角の丸みがかった部分に立つことになります。しかも、つま先で立つことで自然と膝が曲がりました。次は踏み切り板での練習ですが、ここではやはりつま先を意識することが大事です。そうしないと子どもたちは踏み切り板に足の裏全体をつけてしまいます（踏み切り板が前が高くなっているため）。

⑤呼吸の指導は私が現在やっている体育指導の中では水泳指導ぐらいで、その他の単元で特に呼吸を強調した授業はありません。しかし、運動を完成させるためには呼吸（リズム）がとても重要なことは明らかです。したがって、立ち幅跳びの授業を通して、呼吸を意識する学習ができることはとても大切だと思います。今後も、呼吸を意識できる体育授業について研究していきたいと思います。

（2）栗原元司先生の追試報告

1年生23名の記録です。時間が足りなくて跳び箱を用意することはできませんでした。それと、記録の方は私（担任）が全員分とりましたので、グループ別の記録はありません。

1年生にとってわかりやすかったのは、やはり教師の師範です。跳べない方法と跳べる方法を示しました。

この二つを指示1の通りにすることによって、どのようにすればよいのかがはっきりと理解できたようです。練習している時から明らかに伸びていると感じました。小さいながらも遠くに跳んでいるというのが見えました。

最後に全員を集めて一人ずつ記録を取っていきました。前回の記録も言ってから跳ばせました。跳んで私が記録を言う度に歓声と拍手がわきました。伸びが少しの子もいましたが、全員記録が上がったのがすごかったです。

踏み切り板とマットを使って……

全体の記録

No.	はじめの記録（cm）	終わりの記録（cm）	伸び（cm）
1	111	123	12
2	82	111	29
3	72	79	7
4	128	158	30
5	118	126	8
6	61	71	10
7	101	121	20
8	88	120	32
9	85	99	14
10	88	114	26
11	103	111	8
12	87	106	19
13	110	112	2
14	85	91	6
15	75	81	6
16	95	118	23
17	86	114	28
18	87	98	11
19	90	102	12
20	90	109	19
21	86	102	16
22	112	132	20
23	115	138	23
平均	93.7	110.3	16.6

（3）川津知佳子先生の追試報告

練習前の記録と練習後の記録ではクラス全体では僅かに伸びが見られる。しかし、個々に見ると、下がっている子も多い。子どもたちが跳ぶポイントをよく理解していないのだと思う。練習を何回かして疲れが出た可能性もある。

指導者である自分が「目線」「跳び箱1段目から跳ぶときに足の裏を見せる」指導ができていなかった。また、一人一人の見極めも足りなかったと思う。

（4）脇坂浩之先生の追試報告

授業の際に体育館ですることはできず、教室での立ち幅跳び測定となった（2回目のみ外で行うと靴など条件が変わるので、記録の伸びがわからなくなるため、2回とも教室で行った）。そのため、息を吸って、吐いて、吸って、の「イチ、ニー、サン」のリズムの練習が不十分だったように感じる。

しかしながらその中でも、ある程度練習したら、格段に（10cm以上）向上した児童は4名だった。数cm伸びた児童は9名。記録の伸びも向上無しは1名。記録が数cm下がった子は4名、どちらか欠席して記録対象から除外した子どもは3名。

まず言えることは結果として根本先生の跳び方をすると記録が向上、あるいは維持されることがわかった。4名の「記録が下がった」という子どもは元々運動ができる子どもと足が痛いという子どもだった。

全体の記録

No.	はじめの記録（cm）	終わりの記録（cm）	伸び（cm）
1	98	100	2
2	120	125	5
3	90	105	15
4	127	123	-4
5	100	92	-8
6	110	120	10
7	115	120	5
8	100	120	20
9	100	96	-4
10	105	105	0
11	130	135	5
12	90	90	0
13	115	100	-15
14	90	100	10
15	90	83	-7
16	105	105	0
17	100	100	0
18	120	115	-5
19	100	100	0
20	100	100	0
21	110	102	-8
22	90	100	10
23	95	100	5
24	95	105	10
25	110	115	5
26	120	120	0
平均	104.8	106.8	2

逆に少しの指導（教室で「イチニーサン」と全員で声を出して跳ぶ練習を合計8回だけし、その場で個別評定をした。良し、もう少し膝を曲げよう、等とアドバイスをした）で、余計にいらないところに力が入っていたように感じた。

結果として、向上したが、私自身、今まで運動をしていたので、立ち幅跳びの跳び方は根本先生の跳び方で跳んでいました。結局、体をうまく使う方法を根本先生の「スーハースー（イチ、ニー、サン）」という言葉で具体的に指導できた形になったと思いました。

もう一つ、跳び箱を使って、つま先で蹴る感覚を練習していなかったので、その練習も踏み切りの良い練習になるのだろうと感じました。

今まで、立ち幅跳びに関しては「足を曲げて、膝の反動で跳ぶ」ということを私自身意識していましたし、運動の得意な子は自然とそうやっていました。しかし、運動の苦手な子、経験不足の子にとっては、根本先生の跳び方の指示が非常にわかりやすいということを感じました。

大事なことは具体的な指示、動き方のイメージ化をいかにできるか、ということだと感じました。根本先生の指示発問、場の設定の有効性を強く感じました。

今後、立ち幅跳びを指導する際にはこうした跳び方の練習をどんどん取り入れていきます。

全体の記録

No.	はじめの記録（㎝）	終わりの記録（㎝）	伸び（㎝）
1	なし	120	—
2	110	125	15
3	146	148	2
4	138	142	4
5	140	141	1
6	なし	118	—
7	113	120	7
8	115	122	7
9	112	なし	—
10	148	153	5
11	130	140	10
12	116	110	-6
13	128	130	2
14	95	95	0
15	145	142	-3
16	115	122	7
17	125	135	10
18	125	118	-7
19	138	143	5
20	140	138	-2
21	120	132	12
平均	127.1	130.9	3.8

注：２回のうち、１回しか跳べていない子どもの記録は平均値には算入していません

2 追試報告　２年

(1) 原田朋哉先生の追試報告

「根本式立ち幅跳び」指導追試報告

大阪教育大学附属池田小学校　２年生担任　原田朋哉

【児童の感想：２年生】

女子：私は、はじめは90㎝だったけど、25㎝伸びて、１１５㎝になりました。

とてもうれしくてとびはねました。

女子：はばとびは、Ｍくんが、さいしょに、いいきろくをとってすごくじょうずだったけど、みんなも、私のきろくをこえたからすごいと思い、こんど、れんしゅうして、おかあさんに、きろくをはかってもらおうと思いました。こんどは、きろくをのばして、原田先生におしえたいと思っています。

男子：はばとびで、はじめ80㎝だったけど、終わりのきろくは、１１５㎝で、35もとべてよかったです。Ｍくんは、１３０㎝もとんでてすごいと思いました。

男子：ぼくは、Ｍくんをぬかれなかったのが、くやしかったです。

男子：ぼくは、はばとびで、終わりの記録で、１３０㎝もとべるなんて思いませんでした。はじめの記録では１０５㎝でした。さいしょとおわりでは、25㎝もちがうとは、すごいと思いました。こんどは、１５０㎝めざして、がんばりたいです。

男子：ぼくは、はじめは、95㎝なのに、原田先生がアドバイスをくれたので、15㎝長くとべました。

男子：ぼくは、1回目は1ｍ、2回目は、１ｍ25㎝でした。25㎝も伸びました。はじめは、コツをつかんでいなかったけれど、先生のやりかたですると、１ｍ25㎝とべました。Ｍくんは、１ｍ30㎝ぐらいいったそうです。「いいなあ」と思いました。はんの中でも、ぼくが1ばんとべたし、1ばん伸びました。よかったです。また、はばとびをやりたいです。

女子：はじめは、75㎝だったけど、何回もれんしゅうして、原田先生のコツをつかっていたら、１００㎝は、いかなかったけど、95㎝になって、わたしも、がんばれば、できるんだな。と、自しんをもちました。Ｋさんは、１１０㎝もとべて、すごいなと思いました。

女子：さいしょとんだときは、90㎝だったけど、先生がコツをおしえてくれたから、15㎝ふえました。よかったです。

【教師の感想】

子どもたちの感想からもわかるように、はじめの記録に納得していなかった児童が多かったが、教師からのコツ（「根本式立ち幅跳び」指導）を教えてもらってから、記録が伸びたことにより、運動することが楽しくなったり、次への高みに挑戦したいという意欲がでたり、自信をもったりした子どもの姿を見ることができた。

子どもたちの記録も、37名中（欠席の1名を除く）36名が全員記録を更新することができた。この快挙に驚きを隠せなかった。

「教育は手品のようにいかない」とはよく言ったものだが、この時ばかりは、子どもたちは全員、魔法にかかったように記録更新を連発して見せた。自分の学級という小さい世界であるが、「根本式立ち幅跳び」指導の新たな教育界への提案の一歩に貢献できたことを幸せに感じる。

【分析】

2時間目の始めの指示である。「先生が跳べない方法と跳べる方法でやってみます。どこが違うか、よく見ていてください」（ゆっくりと2回行う）という場面で、低学年だったので、大げさにやったことで、跳べないポイントが分かりやすかったみたいである。

その後、跳びやすい方をもう一度演じてみて、「どうしてBの方が遠くへ跳べるのですか。意見のある人は発表してください」という発問で、子ども一人ひとりが感じている跳べるポイントを出させることで、3つのポイントである「①膝が曲がっている　②つま先で跳んでいる　③手の振り上げ振り下ろしができている」が自然と出てきた。しかし、踵がついていないことには気づいたが、つま先で跳ぶ意識が無かった子どもが多かったので、そこを押さえることで、より理解しやすかったようだ。

次のみんなの意見をまとめる場面では、以下の３つの場面に根本氏の新提案である呼吸に合わせることを加えて説明した。

①膝を曲げます。この時、息を吐きながら、両手を下におろします。

②つま先で跳びます。つま先を蹴ると同時に息を吸いながら、両手を上に振り上げます（最初からつま先の姿勢になる）。

③着地する前、両手を下におろしながら、息を吐きます。膝は曲げます。

はじめ、３回も「イチ・ニー・サン」と言いながら師範し、あと３回「吐く・吸う・吐く」と言いながら同じ動きをしてみせた。子どもにも、一緒にやらせてみると、少しずつ動きが柔らかくなってくるのがわかった。この動きの変化が好記録を生んだのだろう。

【授業の様子】

①膝を曲げます。この時、息を吐きながら、両手を下におろします。

②つま先で跳びます。つま先を蹴ると同時に息を吸いながら、両手を上に振り上げます。（最初からつま先の姿勢になる）

②着地する前、両手を下におろしながら、息を吐きます。膝は曲げます。

イチ

ニー

サン

【子どもの記録】

男子18名　女子18名　計36名

男女混合平均　はじめ　91・47　終わり　112・77　伸び　21・30

男子平均　はじめ　91・66　終わり　115・83　伸び　24・16

女子平均　はじめ　91・27　終わり　109・72　伸び　18・44

全体の記録

No.	性別	はじめの記録（cm）	終わりの記録（cm）	伸び（cm）
1	女子	100	125	25
2	男子	100	115	15
3	男子	90	110	20
4	女子	90	100	10
5	男子	75	110	35
6	女子	90	105	15
7	女子	88	105	17
8	男子	105	130	25
9	男子	95	125	30
10	女子	100	120	20
11	女子	85	110	25
12	女子	105	125	20
13	女子	100	105	5
14	男子	80	100	20
15	男子	80	100	20
16	男子	95	125	30
17	男子	70	100	30
18	女子	80	105	25
19	男子	80	100	20
20	女子	95	115	20
21	女子	100	105	5
22	女子	90	115	25
23	女子	80	105	25
24	男子	105	130	25
25	男子	80	115	35
26	男子	100	125	25
27	女子	90	110	20
28	男子	100	125	25
29	男子	100	120	20
30	男子	95	110	15
31	女子	75	95	20
32	女子	80	100	20
33	女子	105	125	20
34	女子	90	105	15
35	男子	100	120	20
36	男子	100	125	25
平均	男18 女18	91.5	112.8	21.3

（2）佐藤貴子先生の追試報告

立ち幅跳びの追試を報告いたします。2年生17名の実践です。

分析・感想

・全員、記録が伸びた。20㎝以上伸びた子は、発達障害のある子（指示がなかなか入っていかない子）と外国籍でなかなか日本語が通じない子であったが、体を通して分かりやすく教えたことが効果があったのだと思われる。教えなければ、きっといつまでたっても、距離は伸びなかったであろう。

・伸び率平均は約15㎝だった。なんでもないような記録かも知れないが、全員が伸びているのに驚いた。特に記録の低い70㎝台の子たちは、大幅に記録を伸ばした。教えるということが、いかに大事かと痛感した。

・SNSの太田先生の報告を読み、ステージ上から、セーフティーマットへ飛び降りさせた。その後、跳び箱↓踏み切り板↓マットと跳び、記録した。説明・発問はなかなか分からないようだったが実際に跳ばせてみると、1で膝を曲げる、2で息を吸う、3で吐くという呼吸と運動の関係はできていた。高いところからの飛び降りは、とても楽しかったようで、子どもたちは満足そうないい顔を見せていた。

全体の記録

No.	はじめの記録（㎝）	終わりの記録（㎝）	伸び（㎝）
1	107	125	18
2	83	110	27
3	97	101	4
4	97	104	7
5	100	112	12
6	82	105	23
7	106	116	10
8	104	123	19
9	114	132	18
10	103	112	9
11	71	101	30
12	102	113	11
13	106	112	6
14	122	145	23
15	96	105	9
16	92	110	18
17	78	98	20
男子平均	98.9	114.2	15.3
女子平均	96.3	112	15.8
クラス平均	97.6	113.2	15.5

・「イチ、ニー、サン」の掛け声と動作が合わない子が何人かいた。なので、「イチ、ハー、フー」と掛け声を変えてみた。跳ぶときに前で、私が「イチ、ハーフー」とやり、呼吸を教えた。最初、なかなかタイミングの合わない子もだんだん調子よくできるようになっていった。５月の体力テストが楽しみです。

（3）小松和重先生の追試報告　千葉県成田市立桜田小学校　小松和重

たった1時間で子ども達の記録が伸びた。24名中、20名が記録を伸ばすことができた。今まで立ち幅跳びの明確な指導法はなかった。練習方法はあったが、今回は、「息を吐く」「息を吸う」という具体的な指導法があり、子ども達に明確に伝えることができた。

以下、子ども達の記録の変容と感想である。

「根本式立ち幅跳び」指導法

実施日　２０１１年3月22日（火）　４校時　11：25〜12：10

場所　　成田市立桜田小学校　体育館

対象学年　小学校2年生　24名　男子15名　女子　９名

記録の変容（単位はすべて㎝）

	1回目	2回目	伸び
男子平均（2年生）	１２４	１３３	＋９
女子平均（2年生）	１１６	１２９	＋13

男子は15名中、11名が伸びた。女子は、９名全員が伸びた。練習を一生懸命やるのが女子である。息継ぎについても全員が意識していた。

【子どもの感想】

（記録の番号と対応している。○番号は女子、ひらがなを漢字になおした部分がある）

1　１回やってみたら１５８㎝でした。体力テストよりきろくが上がりました。うれしかったです。先生にいきの出し方やジャンプのしかたを教わりました。そうしたら１㎝のびました。うれしかったです。

2　立ちはばとびがおもしろくてまたやりたいと思います。楽しかったです。

3　未提出

④　いろいろくわしくわかりやすくうまくなるほうほうを教えてくれたから１回目より２回目のほうが15㎝ふえたからもっとれんしゅうしてもっとうまくなりたいと思った。

⑤　とぶのはさいしょちょっとだけだったけど、そのつぎには３㎝伸びました。そのときはすごくよかったです。

6　楽しい。

7　今日は体育が一番楽しかったです。とくにはばとびが楽しかったです。とくにとおくにとぶときが楽しかったです。またやりたいです。

8　楽しかった。おもしろかった。

⑨　はじめよりふえて楽しかった。

10　１回目より２回目の方がとべた。おもしろかった。

⑪　さいしょは１４５㎝だったけどつぎは１５０㎝になった。

12　楽しかったです。おもしろかった。すごかった。きんちょうした。

⑬　立ちはばとびをして１回目は１０７㎝でした。２回目は１２２㎝でした。ふえてよかったです。

⑭　れんしゅうしたときはあんまりとべなかったけど、だんだんれんしゅうしていったらちょっと大きくとべる

ようになって、1回目は125cmで2回目は139cmだからけっこう多くなったからうれしい。

⑮ れんしゅうして1回目より23cmふえて良かった。楽しかった。

16 さいしょは134cmだったけどつぎやったら145cmになってうれしかったです。

17 そのばでとぶといっぱいいくコツがわかった。楽しかった。ちゃくちがぜんぜんできなかった。台があって
とびづらかった。

18 1回目は120cmだったけど2回目は150cmだった。30cmふえてうれしかった。

⑲ ジャンプをしてちゃくちするとき、ちょっとむずかしかった。いきをはいたり、すったりしながらとぶのが
むずかしかったけどおもしろかった。1回目よりも2回目の方が13cmふえてうれしかった。

⑳ さいしょはそんなにいっていなかったけど2回目はしんこきゅうしてけっこうとべた。
1回目　110cm　2回目　122cmで1回目と2回目は12cmちがった。

21 楽しかった。ジャンプがおもしろかった。ころんだりもした。ころんだしゅんかんドジだなーって思った。

22 1回目135cm　2回目158cm　そうとうふえました。とてもうれしかったです。まさかこんなにふえる
なんて、びっくりです！

23 さいしょに1回目のテストがあまりいかなかったけどとびばこの1だんにのって高くとべたからよかった。

24 ふつうでやると1mとちょっとしかとばないけど、高いところからやると2m近くいった。うれしかった。

全体の記録　3月22日

No.	はじめの記録（cm）	終わりの記録（cm）	伸び（cm）
1	158	159	1
2	108	110	2
3	115	108	−7
4	125	140	15
5	110	113	3
6	150	156	6
7	130	134	4
8	117	121	4
9	125	143	18
10	145	147	2
11	145	150	5
12	123	118	−5
13	107	122	15
14	125	139	14
15	95	118	23
16	134	145	11
17	85	139	54
18	120	150	30
19	105	118	13
20	110	122	12
21	115	135	20
22	135	158	23
23	117	112	−5
24	115	111	−4
平均	121.4	132	10.6

（4）竹内淑香先生の追試報告

実施：平成23年3月8日　1時間と休み時間20分　2年生　28名

体育館や授業時間の都合上、1時間の指導時間しかとれませんでした。体育の前の時間に、教室で以下を行ってから体育館に向かいました。

・グループ分け　・必要な道具　・道具の配置

①「はじめの記録」をとる。残りの子は練習させておく。

②跳べる方法、跳べない方法を考える。

③跳べる方法で練習する。

④跳び箱を使って練習する。

⑤個別評定を行う。つま先で跳んでいるか、1、2、3のリズムで跳んでいるかを見る。
⑥合格した児童は、踏み切り台で練習する。
⑦「終わりの記録」をとる。
※時間の都合上、全員が2回とっていない。明らかに跳べていない児童については、2回跳ばせ、良い方の記録をとった。

【感想】


殆どの子が記録を伸ばした。更に練習時間をとり、個別評定が入れれば、更に記録は伸びることが予想される。

記録が伸びない児童が2名いた。要因として考えられるのは以下である。
・練習時間に「跳べる方法」のポイントを練習できていなかった。
・体力を消耗した。
時間の都合上、そのままにしてしまったことが、たいへん悔やまれる。教室に戻り、子ども達に、以下のように話をした。


先生は、たいへん驚いています。今日初めて勉強した「立ち幅跳び」が、よく跳べるようになったからです。正しい方法で練習すると、できるようになるんだな、と思いました。

はじめの記録より伸びた人？……たくさんいますね。残念ながら記録が伸びなかった人もいるかもしれません。でも、もう少し練習したら、必ず記録が伸びます。なぜなら、皆さんは、正しい方法で練習をしているからです。

算数も、国語も、体育だって同じです。ただ練習すればよいのではありません。正しい練習方法で練習をするのです。正しい方法で、しっかり練習をすれば、必ずできるようになるのです。

どの子も真剣に聞いていました。根本先生の「立ち幅跳び」の実践は、子ども達に大切なことを伝えて下さいました。実践をやらせていただいたことを心から感謝いたします。どうもありがとうございました。その日の日記に、「立ち幅跳び」のことを書いてきた子がいました。以下に紹介いたします。

○今日の2時間目の体育で、立ち幅跳びをやりました。立ち幅跳びは、やったことがありませんでした。はじめて立ち幅跳びをやりました。

とんだら、1mぴったりでした。その後、先生がコツを教えてくれました。やったら、12㎝伸びていました。

うれしかったです。

全体の記録

No.	はじめの記録（㎝）	終わりの記録（㎝）	伸び（㎝）
1	123	155	32
2	127	144	17
3	105	129	24
4	112	130	18
5	138	173	35
6	109	130	21
7	126	142	24
8	129	133	4
9	130	120	-10
10	133	140	7
11	132	140	8
12	134	140	6
13	139	155	16
14	124	128	4
15	142	150	8
16	112	132	20
17	126	140	14
18	116	124	8
19	108	120	12
20	121	136	15
21	104	119	15
22	137	145	8
23	134	160	26
24	128	129	1
25	122	130	8
26	100	112	12
27	142	157	17
28	128	120	-8
平均	124	137	13

○今日の2時間目に、体育で立ち幅跳びをしました。それでわたしは、先生に教えてもらったコツで、できるよ

うになりました。

その先生が教えてくれたコツとは、まずは、とびばこにのって、つま先を出して、とんでれんしゅうをしてみて、それでさいしょは、「そんなにかわってないんじゃないかな…」と思っていましたが、でも先生が教えてくれたようにれんしゅうをしたら、いっぱいとべました。３年生のたいいくで、どんなのをするのか楽しみです。

3　追試報告　3年

(1) 三好保雄先生の追試報告

1、卒業式練習のため体育館が使えないので運動場で行った。29人中22人の記録が伸びた。最高伸び数36㎝。跳び箱1段とほぼ同じ高さの運動場のコンクリート段差と、跳び箱踏み切り板を使用した。
根本先生の指導案では
① 膝を曲げる　　息を吐く　　イチ
② つま先で蹴る　息を吸う　　ニー
③ 着地する　　　息を吐く　　サン
イチニーサンと何度も声を出す練習をしてください。次に「声に合わせて膝を曲げる、つま先で蹴る、両手を振り下ろして膝を曲げる」を、跳ばないで、その場で練習してください。

上記の説明ですが、息を吸いながら「ニー」と言えないので、「イチ、ニー、サンと言いながら跳びます。ただし、『ニー』は息を吸いながらなので、心の中で言います」と説明しようかと事前に質問させていただいた。

しかし、追試に当たっては、「イチ、ニー、サンと言いながら跳びます。ただし、『ニー』は息を吸いながらなので、心の中で言います」と言わなくても問題はなく、子ども達は練習できた。感想には、根本先生の説明どおり呼吸を意識している記述が見られた。

全体の記録

No.	はじめの記録（cm）	終わりの記録（cm）	伸び（cm）
1	160	180	20
2	114	124	10
3	140	152	12
4	120	144	24
5	97	100	3
6	130	143	13
7	108	144	36
8	110	108	-2
9	123	127	4
10	105	119	14
11	161	160	-1
12	91	100	9
13	144	145	1
14	117	138	21
15	139	160	21
16	100	110	10
17	180	161	-19
18	110	140	30
19	124	145	21
20	141	176	35
21	120	149	29
22	140	138	-2
23	99	116	17
24	117	120	3
25	140	150	10
26	147	129	-18
27	135	133	-2
28	150	138	-12
平均	127.2	137.5	10.3

（2）石坂陽先生の追試報告

石川県内灘町立向粟崎小学校　石坂陽

1. 対象　3年生35人
2. 結果

①35人中31人が記録を伸ばした。

②クラス平均7・2cmの伸び。

③35人中4人は記録を伸ばせなかった。

3．技術を持ち、使いこなすことの大切さ

立ち幅跳びの追試をして、私が感じたことは次の点だ。

技術を持ち、使いこなすことで、子どもを幸せにできる。

35人中31人が記録を伸ばした。子ども達は笑顔だった。「やったー！」「立ち幅跳びもっとしたい！」という声が上がっていた。これはなぜか？　立ち幅跳びの記録を伸ばす技術を知っていたからである。その技術を使ったからである。

立ち幅跳びの記録を伸ばす技術。これを知っている教師と知らない教師の差は大きい。根本正雄先生に心から感謝している。私は子ども達の成長をまた一つ見ることができた。子ども達の笑顔をまた一つ見ることができた。

4人の子は残念ながら伸ばすことはできなかった。これは、私にとって大きな課題である。しかし、31人の子は記録を伸ばすことができた。これは、「根本式立ち幅跳び」指導法の有効性を裏付けるものである。

技術を持ち、使いこなすことの大切さを改めて感じた。

4．呼吸という視点

呼吸と動きを連動させる。これは、極めて画期的な視点だと思った。これまで、「腕をふる」「足を曲げる」という視点はあった。しかし、呼吸という視点は全くなかった。息を吸うと、体がフワッと上がる感覚になる。実際、「フワッとした感覚になる」と言っていた子が多くいた。

5．記録が伸びなかった原因

記録が伸びなかった子が4人いた。私の力不足を痛感している。なぜ伸びなかったのか、自分なりに分析した。

①2回目の計測日の気温の低さか？（1回目の計測の日は温かい日だった。2回目の計測の日は、雪が降っており、体育館が冷えていた）

②1回目に、良い記録を出しすぎたからか？
③呼吸と手足の動きの連動がうまくいかなかったからか？
④練習時間を充分取れなかったからか？（他のクラスもマットを使用しており、マットの数が少なかった。そのため、一つのマットに多くの子が集まり、練習回数を確保できなかった）

6．子どもの感想

【記録が伸びた子】

⑩男（172→180）

この立ち幅跳びをやって、僕は、すごく成長したと思う。なぜ伸びたか。理由は2つある。

第一に、素直さだ。先生は、「1．息を吐く　2．息を吸う　3．着地する」など、そのように言っていた。僕はその事を素直に受け取った。そうすると、8㎝も伸びたのだ！

第二に、伸びてやるという根気だ。僕は体育になると、いつももえているが、この立ち幅跳びの時は、もっともえていた。僕のその時の目標は、180㎝だった。それが今とうたつしたのだ。それは、伸びてやるという根気だ。それも僕は絶対伸びてやると、「絶対」がついていた。だから8㎝も伸びたんだと思う。

四年生で立ち幅跳びをする時、目指すは190㎝！

⑪女（159→170）

立ち幅跳びで、「1．息を吐く　2．息を吸う　3．息をはいて着地をする」がさいしょはできなかったけど、それをやってみたら、170までとべてよかったです。また、今度やるとき170よりもっと長いきょりをめざしたい。また、「1．息を吐く　2．息を吸う　3．息をはいて着地をする」をやったから170までいけたんだと思います。

⑫女（１６４↓１７０）

私は１６４↓１７０にふえてうれしかったです。６㎝ふえました。どうしてこんなにふえたかというと、とぶためのポイントをつかんだからです。そのポイントは「①膝をまげる。②息を吐く。③ジャンプする。④息を吸う。⑤息を吐く。」です。こんどは１７５㎝を目指します。

⑭男（１３５↓１５０）

先生の教えかたで１３５から１５０までとべて、とてもうれしかったです。ポイントは「１、膝をまげて息を吐く　２．つま先でとぶ。息を吸う。３．ちゃくちする。息を吐く」ができたから伸びたんだと思います。15㎝も伸びてとてもうれしかったです。

⑯男（１２４↓１４６）

ぼくは、１２４㎝がくやしくて、「もうちょっとのばす」と思ったけれど、石坂先生の指導、協力で20㎝の進化をとげました。なければ、のばせないと思いました。指導でできるようになって本当にうれしかったです。またやる時はもっとできるように１㎝でもいいと思い、練習をしたいです。

㉔男（１５７↓１５８）

はじめてやったとき１４０㎝だったけど、今はグンと上がった。今やった体育。とぼうとしてとんだら先生に「もう一回とんで」と言われた。もう一回しようとすると手をふる時にぎゃくになっていたので「そうだったのか！」と思った。

㉚女（１６８↓１８１）

私はさいしょ、そんな息をはいたり息をすったりするのは知らなかったけど、石坂先生が教えてくれたから１６８㎝から１８１㎝にも伸びたので、とってもうれしかったです。また、こんどやったときに１９０㎝くらいいってみんなにじまんしたいです。さいしょは、なんだか伸びないかもと思っていたけど、１６８㎝から１８１㎝に伸びたのでうれしかったです。とびはねるほどとってもうれしかったです。また１９０㎝とか２ｍほどいって、クラスではばとび1番になりたいです。練習したせいかがでたと思いました。

【記録が伸びなかった子】

③男（１５６→１４８）

立ち幅跳びのこと。最初、１５６㎝だった。しかし、次から、へって、へって、へりまくった。ぼくは「……」と何もいえなかった。息を吸う。そして膝を曲げてつま先でけった。し・か・し、伸びなかった。「……」また、何もいえなかった。けっきょく伸びることはなかった。

⑦女（１５８→１５５）

立ち幅跳びでへってしまったけど、立ち幅跳びは、とても楽しかった。はじめてやってみて、こんなことをするんだなと学んだ。今度やる時はぜったいに㎝をのばしたい!!　がんばるぞ～!!

⑧男（１６３→１５８）

１７５㎝とか１８１㎝の人もいたけど、１６３㎝だったからぼくはこれでじゅうぶんうれしかったです。また、きょう１５８㎝でへったけど、まえは１６３㎝だったので、ぼくはまた１６３㎝とべばいいと思っています。だから、またこんどのときも１８１㎝までのばしていきたいです。

全体の記録

No.	性別	はじめの記録（cm）	終わりの記録（cm）	伸び（cm）
1	男	179	182	3
2	男	172	180	8
3	男	156	148	-6
4	男	126	132	6
5	女	129	135	6
6	男	150	165	15
7	女	158	155	-3
8	男	163	158	-5
9	男	135	155	20
10	男	172	180	8
11	女	159	170	11
12	女	164	170	6
13	男	157	170	13
14	男	135	150	15
15	男	137	140	3
16	男	124	146	22
17	男	163	168	5
18	男	150	164	14
19	女	156	157	1
20	女	145	152	7
21	男	108	127	19
22	男	167	170	3
23	男	173	166	-7
24	男	157	158	1
25	男	155	160	5
26	男	143	150	7
27	女	145	155	10
28	男	159	168	9
29	女	158	168	10
30	女	168	181	13
31	女	138	150	12
32	女	158	170	12
33	男	155	160	5
34	男	151	156	5
35	女	140	145	5
	平均	151.6	158.9	7.3

（3）飯島晃先生の追試報告　千葉県柏市立豊小学校　3年1組　指導者　飯島晃

日時：1時間目（4月11日）　2時間目（4月18日）

追試をしての感想と分析

〈1時間目〉

前回の追試と同じように、子どもたちには「立ち幅跳びをします。この線からできるだけ遠くに跳びなさい」と指示をしただけであった。

子どもたちは自信満々に跳び、記録に喜ぶ子もいれば悔しがる子もいた。ほとんどの子が、〝腕を振りながら屈伸〃の助走を5回ほどかけてから跳んでいた。もちろん、どの子も踵はつけており、呼吸法などはまったく意識していない。

〈2時間目〉

子どもたちのやる気を伸ばすために、「今から、立ち幅跳びのコツを教えます。これをしっかりやれば、必ず記録が伸びます。やってみたいですか？」と聞いた。全員が大きくうなずいたのが確認できたので、前回の反省を生かし、細分化した指導を心がけた。全員習得のために、3ステップに分けて指導した。

○第一ステップ～ジャンプ～

まずは膝を曲げるだけ。「曲げ、伸び、曲げ、伸び」の掛け声でリズムを作る。全員ができる。次に、腕の振りを加えた。膝を曲げたときに肘を思いっきり後ろに振らせ、膝を伸ばしたときにばんざいをさせた。そして、イチ、ニー、サンの掛け声で「膝を曲げる↓思いっきりジャンプする↓膝を曲げて着地する」の動作を繰り返した。

○第二ステップ～踵をあげる～

踵をあげて、立たせるだけでも難しそうだった。前回と同様、足が閉じている子はふらついていた。足を肩幅かそれより少しせまいくらいに広げさせ、上体の安定を図った。

そして、踵をあげたまま屈伸をさせた。このときに、隣の友達と確認させ、全員に習得させた。

○第三ステップ～呼吸法～

息を、「吐く、吸う、吐く」というのを、イチ、ニー、サンのリズムに乗せて取り組ませた。この呼吸法が、前回の追試ではおろそかになっていた。今回は徹底して指導にあたったので、本番でもどの子もこの呼吸法をかなり意識していた。

最後に「膝を曲げる」「踵をあげる」「呼吸法」を意識させ、その場で練習させた。

本番前に、縄跳び用のジャンプ台から跳ぶ練習をさせた。足の指で台の角をつまみ、習得した方法で一人5回跳ばせた。

本番では、全員が記録更新をした。コツをつかませるだけで、ここまで違うのかと心の底から感じた。子どもたちも驚き、「もう一回跳びたい！」という声がたくさんあがった。

今回の反省点は、場作りにあった。外だと、砂で滑ってしまうので、体育館が望ましいと思った。

全体記録

1時間目（33人）
［最低記録］86㎝　［最高記録］１４７㎝　［全体平均記録］１１６・２㎝
［男子平均記録］１２５・２㎝
［女子平均記録］１０６・４㎝

2時間目（33人）
［最低記録］１００㎝　［最高記録］１７０㎝　［全体平均記録］１３８・０㎝
［男子平均記録］１４１・１㎝
［女子平均記録］１３３・０㎝

※伸びた記録　［最低記録］６㎝　［最高記録］46㎝　［平均記録］21・８㎝
☆詳細は表の通り

全体の記録

No.	はじめの記録（cm）	終わりの記録（cm）	伸び（cm）
1	90	125	35
2	130	140	10
3	121	135	14
4	97	115	18
5	92	125	33
6	104	120	16
7	142	155	13
8	130	150	20
9	126	153	27
10	88	100	12
11	142	170	28
12	91	100	9
13	137	150	13
14	141	161	20
15	144	165	21
16	106	112	6
17	100	142	42
18	94	140	46
19	102	130	28
20	125	140	15
21	125	140	15
22	139	162	23
23	105	112	7
24	106	120	14
25	140	155	15
26	101	135	34
27	120	145	25
28	146	165	19
29	147	162	15
30	111	140	29
31	97	134	37
32	86	130	44
33	108	125	17
平均	116.2	137.9	21.8

（4）冨築啓子先生の追試報告

①卒業式の練習時期で、体育館は使用不可、跳び箱、マットは奥にしまってあるという状態だったため、正しい追試ができなかった。

②体育館使用不可のため、運動場で行った。跳び箱は出せなかったので、仕方なくなわとび練習台の端を利用して跳ぶ練習をした（我流いっぱいの追試になってしまった）。

③1時間目は番組を見せた後にやったので、かなり張り切って跳ぶ子がいた。その子達は、何も教えない間に、計測2回目にだいぶ伸びた記録になっていた。

④2時間目は、1回目にいい記録を出してしまっていたからか、記録の下がっている子が6名もいた。

⑤呼吸法を教えて練習したが、呼吸を意識しながら跳ぶのは、難しい子もいた。地面で測るときには、呼吸を意

識しないで跳ぶ子もいた。
⑥卒業式前でなければ、もう少しきちんとした追試ができたかもしれない。

全体の記録

No.	はじめの記録（cm）	終わりの記録（cm）	伸び（cm）
1	112	120	8
2	141	134	-7
3	139	140	1
4	115	130	15
5	145	148	3
6	100	126	26
7	114	114	0
8	113	150	37
9	144	140	-4
10	169	174	5
11	140	140	0
12	142	155	13
13	150	130	-20
14	90	116	26
15	135	125	-10
16	127	133	6
17	105	120	15
18	125	115	-10
19	113	145	32
20	145	160	15
21	143	150	7
22	103	125	22
23	119	130	11
24	80	82	2
25	119	137	18
26	157	170	13
27	129	130	1
28	119	120	1
29	118	130	12
30	80	99	19
31	100	100	0
32	120	146	26
33	118	116	-2
平均	123.3	131.8	8.5

（5）鈴木信也先生の追試報告

本学年では、4月の体力テストの際、全員に立ち幅跳びの指導を行っていた。具体的には、手の振りと、膝の屈曲である。

分かったこととして、1回目の下位グループほど、伸びが大きい子どもの割合が高い。逆に、1回目の上位グループでは、負の相関を示した。

問題点は、私の追試能力の低さ、上位グループでの子ども自身の運動との調和がうまくいかなかったことが挙げられるのではないか。190㎝跳んだ子どもがおり、そのときの計測を見ていたわけではないので、心配である。

運動能力はもともと高い子どもではある。
改善点は、2時間目の授業で、巻尺を残したまま練習に取り組ませ、上位グループの子どもが、自分の感覚と教えてもらったことをあわせて、自分なりの工夫をする時間を取ることである。

全体の記録

No.	はじめの記録（cm）	終わりの記録（cm）	伸び（cm）
1	177	163	-14
2	173	172	-1
3	164	154	-10
4	160	150	-10
5	158	167	9
6	152	140	-12
7	150	155	5
8	148	149	1
9	148	145	-3
10	146	125	-21
11	145	170	25
12	144	140	-4
13	140	142	2
14	139	140	1
15	137	130	-7
16	137	120	-17
17	136	129	-7
18	135	139	4
19	132	190	58
20	130	123	-7
21	130	144	14
22	125	130	5
23	123	150	27
24	123	110	-13
25	120	120	0
26	115	125	10
27	115	133	18
28	115	116	1
29	105	107	2
30	105	110	5
平均	137.6	139.6	2

4 追試報告　4年

（1）関澤陽子先生の追試報告と記録

はじめに、良くない飛び方を示したことで、「膝を曲げる」「手を振る」「つま先で跳ぶ」などの、立ち幅跳びのポイントがしっかりと子どもたちに入った。さらに、みんなで、いち、にーい、さんの合図で、跳ぶ練習を何回かしたことで、呼吸のタイミングなどを子どもたちが体感することができた。呼吸については、うまくできていない子もいて、あまりうまく指導できなかった。

また、場づくりとしては、踏み切り台をおくことで、踏み切りの時つま先で跳ぶことを意識できた。前時は、ただ跳んだだけだったが、跳ぶコツがわかったことで、記録がぐんと伸びた。そのため、子どもたちはとてもうれしそうで、「もっとやりたい」と意欲が向上した。

場づくりは、同じところで跳ぶのでなく、すべてのマットを廻って、自分の場所に戻ってくるように、順路を作って行った（計測する前の練習）。17番の児童は、発達障がいもあり、運動が極端に苦手な子であるが、とても積極的に活動し、記録が伸びたことをとても喜んでいた。

全体の記録

No.	はじめの記録（cm）	終わりの記録（cm）	伸び（cm）
1	140	148	8
2	145	162	17
3	148	170	22
4	142	164	22
5	128	140	12
6	130	144	14
7	138	145	7
8	148	152	4
9	150	168	18
10	140	150	10
11	129	134	5
12	126	131	5
13	130	142	12
14	138	146	8
15	115	122	7
16	114	126	12
17	66	78	12
18	148	160	12
19	120	136	16
20	126	139	13
21	116	130	14
22	141	160	19
23	148	151	3
24	152	160	8
25	132	148	16
26	120	132	12
27	134	140	6
28	129	138	9
29	135	148	13
平均	132	143.6	11.6

（2）光川崇先生の追試報告

小学4年生を追試しました。35名中3人が欠席して32名で実施しました。全員が伸びたという結果ではありませんでした。私の授業技量の低さのためです。

指示3が、あいまいなまま、「合格」と言ってしまいました。子どもたちは、たいへん意欲的に取り組みました。私も、楽しみながら指導できました。ありがとうございました。

つま先で跳ぶことは、子どもにとって、私が思っているよりも難しかったようです。全員が伸びるかと思いきや、逆に記録が悪くなってしまった子がいたくらいでした。

原因として、指示3の「合格」の基準が、教師の私自身があいまいだったことにありました。しかしながら、記録はともかく、「体の全体をつかってすることがいい勉強になりました」とあるように、今回のような立ち幅跳びの指導をしないで、教えないで跳ばせていたことが、よくわかりました。

映像にあった、「足の裏が後ろにいる人に見えたか」チェックさせるのは、追試に入っていませんでしたが、我流になってしまったのなら、申し訳ありません。

子どもの感想より

・体の全体をつかってすることがいい勉強になりました。いいとびかたができてよかったです。

・楽しかったです。最初はぜんぜんとべなかったけど、先生がおしえてくれたおかげで15㎝も伸びました。ありがとうございました。

・最初に跳んだときより、跳び箱を使ったり跳び板を使ったりしてからの方がたくさん跳べたのでよかったです。

最初より13cm伸びたのでよかったです。

・最初は不安だったけど、先生の言うとおり跳んだら前の時より15cm も伸びていて、びっくりしました。たのしかったです。

・きのう（はじめの記録取り）はあまり跳べなかったけど、今日は先生にいっぱい跳べるコツを教えてもらって5cm ぐらい伸びたのでうれしかったです。最初より伸びたのでうれしかったです。

・息をいっぱい吸って体全体でとんだらとても遠くまで行けてうれしかったです。伸びは4cm だったけど、とってもうれしかったです。

・先生のやりかたでやったら、7cm も伸びたので、とてもうれしかったです。

・つま先立ちでちゃんと跳べたのでよかったです。記録は5cm 減ってしまってくやしかったけど、また、がんばりたいです。

・つま先で跳ぶことはむずかしくて、あまり跳べなくて7cm も減ってしまいました。つま先で跳ぶことは難しいと思いました。

全体の記録

No.	はじめの記録（cm）	終わりの記録（cm）	伸び（cm）
1	150	150	0
2	160	160	0
3	132	135	3
4	164	165	1
5	125	130	5
6	120	130	10
7	182	175	−7
8	165	178	13
9	126	132	6
10	133	143	10
11	133	140	7
12	125	140	15
13	160	155	−5
14	126	124	−2
15	135	145	10
16	105	115	10
17	130	150	20
18	140	140	0
19	151	158	7
20	167	162	−5
21	107	116	9
22	143	138	−5
23	126	131	5
24	150	160	10
25	137	133	−4
26	130	127	−3
27	143	157	14
28	140	140	0
29	154	156	2
30	135	150	15
31	150	154	4
32	137	150	13
平均	140	145	4.9

（3）丸亀貴彦先生の追試報告

立ち幅跳び記録　仁摩小学校　4年　3月9日・11日

全体の記録

		3/9（水）	3/9（水）	3/11（金）	
No.	性別	はじめの記録（cm）	終わりの記録（cm）	終わりの記録（cm）	伸び（cm）
1	男	135	137	134	2
2	女	125	149	143	24
3	女	131	128	105	-3
4	女	164	170	159	6
5	女	151	154	168	17
6	女	128	136	139	11
7	男	157	160	168	11
8	男	130	151	138	21
9	男	168	152	154	-14
10	男	160	173	171	13
11	女	170	161	160	-9
12	男	139	152	150	13
13	女	148	149	150	2
14	女	130	115	107	-15
15	男	140	136	130	-4
16	男	170	166	160	-4
17	男	180	170	164	-10
18	男	138	161	152	23
19	男	150	145	134	-5
20	男	195	198	201	6
21	女	165	154	160	-5
22	女	147	173	171	26
23	女	160	162	154	2
24	男	156	160	162	6
25	男	128	129	124	1
26	男	151	147	157	6
27	女	167	160	154	-7
28	男	160	159	137	-1
29	男	146	144	131	-2
30	女	196	201	192	5
31	女	145	152	139	7
32	女	95	112	111	17
平均		150.8	153.6	149.3	4.4

注：終わりの記録は、3/9と3/11の２回計測したうち、成績のよい方を伸び率の算出に使った

（4）大野眞輝先生の追試報告

跳び箱の上から跳ぶことで、腕を使って跳ぶことが上手になった子が何人もいました。視線は斜め上に向けると

いう指導が不十分でした。そのため、記録が下がった子は、前につんのめって着地するような形になってしまいました。

全体の記録

No.	はじめの記録（cm）	終わりの記録（cm）	伸び（cm）
1	137	139	2
2	174	190	16
3	156	152	-4
4	171	182	11
5	119	127	8
6	135	129	-6
7	181	191	10
8	140	159	19
9	133	141	8
平均	149.6	156.7	7.1

5 追試報告　5年

(1) 岡本純先生の追試報告

岡山県総社市立阿曽小学校　岡本純

一、「根本式立ち幅跳び」の実践

関西地方のテレビ番組に根本正雄先生が出演した。立ち幅跳びの記録が平均５cmの女性を30cm以上跳ばせてほしいという依頼。大学、体操教室の先生が依頼を断るほどの難しい依頼だ。

根本氏の数時間の指導を受けたその女性は、番組の中で、１４３㎝跳んだ。28倍以上記録が伸びた。「できない子ができるようになる」という根本体育の神髄だ。その後、根本先生より立ち幅跳びの追試依頼があった。

二、「根本式立ち幅跳び」指導法

２時間扱いである。１時間目は計測。２時間目。

（省略）

三、授業の実際

２時間目の最初、根本氏が出演したテレビ番組を見せた。どの子も１４３㎝跳んだ女性の姿を見て驚いていた。

「この練習方法で記録が大幅にアップするかもしれないね」と話し、体育館に向かった。

５年生の子どもたちは、やる気満々であった。

全体の記録

No.	はじめの記録（cm）	終わりの記録（cm）	伸び（cm）
1	170	170	0
2	160	163	3
3	160	155	-5
4	170	162	-8
5	140	136	-4
6	160	157	-3
7	140	155	15
8	160	152	-8
9	140	150	10
10	175	165	-10
11	150	147	-3
12	165	158	-7
13	169	170	1
14	185	183	-2
15	168	165	-3
16	160	155	-5
17	160	155	-5
18	151	162	11
19	165	153	-12
20	160	160	0
平均	160.4	158.7	-1.7

呼吸の指導をした時、上手く息を吐き切ることができず、少し早いタイミングで跳ぶ子が目立った。イチでしっ

かり吐くことを強調し、見本を見せた。個別評定を行い、直ったように思ったが、計測になると早く跳びたいという気持ちからか、ためが少ない子が多かった。

四、成果と課題

指導前のクラス平均記録160・4㎝。指導後のクラス平均記録158・65㎝。

指導後、クラス平均記録が落ちた（1・75㎝）。20名中、5名の記録が伸びた。平均8㎝の伸び。

変わらなかった子が2名。13名の記録が落ちた。平均5・8㎝。1番伸びた子は7番の15㎝。体育があまり得意でない子だ。これは、成果と言える。しかし、半分以上の子の記録が落ちた。これは大きな課題だ。


原因は、個別評定での合格基準が甘かったのだ。個別評定の甘さが、フォームの定着につながらなかったと思う。呼吸を意識するあまり、体が硬くなっている子も見受けられた。3つのコツを体得していないのに合格させているからだ。練習をうんとさせて合格させる方がよかったのだ。

そして、記録計測の時、「いつもの跳び方でいいですか？」と尋ねた子が数人いた。いつもの跳び方とは、手を数回前後に振り、勢いをつける跳び方である。


今回は、教えた通りに跳ぶように伝えて、跳ばせた。特に、記録が5㎝以上落ちた子は、運動の得意な子が多かった。ある程度運動感覚が身についている子にとっては、フォームの矯正は必要ないのかもしれない。

もっと局面を限定して（例えばつま先で立って跳ぶ）、個別評定した方がよかったのではないかと感じている。

いずれにせよ、追試が一朝一夕にはいかないことを実感した。

（2）鈴木恒太先生の追試報告

1．実践者　：鈴木恒太
2．実施学年：5年生

3．実施人数：27名
4．実施日時：平成23年6月6日（月）4時間目、平成23年6月13日（月）4時間目（全2時間）
5．実践報告

〈第一時　6月6日（月）4時間目　実践報告〉

本来、根本先生の立ち幅跳び指導が収録されている「探偵！ナイトスクープ」の映像を見せてから実践すると良いらしい。理由は以下の通りである。

①全国で有名な実践家である根本正雄先生が開発した方法であるということ
②テレビでも、劇的な効果を実証された優れた方法であること
③テレビの対象者が、物凄く感激している様子を見て、感動を味わいたいということ

映像を通して、子どもたちに、これから受ける授業が価値づけられ、意欲付けできるからである。成功のイメージがつけられることと、いわゆる権威づけができる。これから行う事の価値づけができるのである。

しかし、生憎、私は映像をダウンロードし損ねていた。そこで、子どもたちの前で、次の様に宣言した。

みんな、3年生や4年生の時に、跳べなかった人も、担任の先生に跳び箱を跳べるようにしてもらったでしょ？
今日は、あの方法のように、絶対に記録が伸びる方法で、練習をします。

この子たちは、3・4年生の時に、当時の担任から向山式跳び箱指導法を受けて、跳び箱の成功体験を持っている。そのイメージを与えた。すると、子ども達の目つきが変わった。

最初にお得感を与えてから指導に入ると効果的と感じた。

1．準備運動

①柔軟体操　リズム太鼓に合わせて、1人、2人組で、柔軟体操をした。

②無の世界　一旦、鎮静化を図った。

2. 場づくり

できるだけ根本先生の送られたマニュアル通りに進めるように心がけた。

3. 実態調査

指導する前に、全員の子どもに計り方を指導した後、実態調査を行った。以下の通りである。

全体の記録

1班（cm）
151
132
152
105
2班（cm）
160
163
125
122
3班（cm）
166
100
138
108
4班（cm）
145
126
146
153
5班（cm）
106
129
158
173
6班（cm）
116
97
121
135
7班（cm）
120
93
88

4. テクニカルポイントの指導

根本体育の特徴の1つは、安易に教え込まないことにある。根本先生からいただいた指導案にも、教師が一方的に説明しないことという注意書きがある。

そもそも根本体育は、次の3要素で組み立てられている。

①テクニカルポイント
②発問・指示
③場づくり

根本体育直伝ホームページ　http://www.chiba-fjb.ac.jp

今回も、最終的にコツ（テクニカルポイント）の説明は行うのだが、2種類の良い見本と悪い見本の教師による示範を見せた後、発問によって、「教えないで教える」やり方を採用している。

根本体育は、子どもに、「できる」だけではなく、「わかる」喜びも同時に味わわせるところにも特徴がある。

根本体育が目指しているのは、「体でもでき、頭でも理解できる体育」「知的な体育」である。以前、ＴＯＳＳ体育セミナーで、教師の指示だけで子どもを動かした結果、できるようにはなるのだが、なぜやらされているのか子どもは理解できないといった指導をされた先生を、根本先生には珍しく極めて厳しく指導されているのを見た事がある。

「できる」ことは素晴らしい事だが、それだけに終わる体育を根本体育では厳しく拒絶しているのだ。

だから、今回もテクニカルポイントを指導する方法は、原実践を忠実に実践した。すると、発問が優れている証拠に、こちらが教えたい3つのテクニカルポイントは、すべて子どもから出てきた。一番難しいと思った「つま先から跳ぶ」というポイントもちゃんと出てきて大変驚いた。

5．跳び箱を使った場づくり

今回の「根本式立ち幅跳び」指導法では、マットの上に跳び箱を乗せてそこから跳ばせる方法が採用されている。すぐに、「飯田・根本式さかあがり指導法」を思い浮かべた。

「跳び箱→踏み切り板→マット」と段階を踏む方法はまったく同じ思想だ。千葉大学の向山洋一先生の講義で、向山先生は、運動ができるようにさせる指導のコツの1つとして、「運動ができた時と同じ状態を体感させて、段々放して行くといい。自転車の補助輪を付けて、段々外して行くのと同じだよ」と指導されていたことがある。

これは、「成功体験連続指導」と言うのだという。

「向山式跳び箱指導法」も、「飯田・根本式さかあがり指導法」も、まったく同じ思想である。この「根本式立ち幅跳び」指導法もまったく同じ思想だ。

第一時の指導はここまでとした。

〈第2時　平成23年6月13日（月）4時間目〉

「根本式立ち幅跳び」指導の第2時を行った。

1．準備運動

1．①体育館3周　②肋木を登って降りる

2．基礎感覚・基礎技能

（1）1人

①リズム太鼓に合わせて、足踏み・止まる

②リズム太鼓に合わせて走る

③リズム太鼓に合わせて後ろ向きに走る

④リズム太鼓に合わせて、スキップ

⑤リズム太鼓に合わせて、ギャロップ

（2）2人

①ジャンケン手押し車

②おんぶジャンケン

③ジャンケン逆立ち

2．課題

（1）場づくり

マットのみの練習

踏み切り板を使った練習

写真の様に、「跳び箱」「踏み切り板」「距離調節器箱」「マットのみ」の場を設定し、どんどん練習させた。

（2）3つのポイントの復習

その場で全員に「吐く↓吸う↓吐く」と膝を曲げる、両手を振るという3つのポイントを復習した。

（3）教師のテスト

練習の場と離れたところに、チェック用のマットを1つ用意し、3つのポイントをマスターしたと思った子からテストを受けに来させた。

膝を曲げられない子、「吐く↓吸う↓吐く」の一連の動作ができない子、腕を振れない子がそれぞれ1名ずついたので、ここで個別に指導することができた。

3. 計測

残り10分間で、班ごとに計測した。その結果以下の記録となった。

［はじめの記録］～［終わりの記録］（伸びた記録）で記載した。

全体の記録

1班（cm）	伸び（cm）
151～179	28
132～153	21
152～175	23
105～150	45
2班（cm）	**伸び（cm）**
160～170	10
163～170	7
125～162	37
122～155	23
3班（cm）	**伸び（cm）**
166～181	15
100～129	29
138～休	なし
108～130	22
4班（cm）	**伸び（cm）**
145～166	21
126～153	33
146～163	17
153～177	24
5班（cm）	**伸び（cm）**
106～142	36
129～158	29
158～170	12
173～175	2
6班（cm）	**伸び（cm）**
116～143	27
97～150	53
121～158	37
135～142	7
7班（cm）	**伸び（cm）**
120～165	45
93～160	67
88～150	62

中には67cmも伸びた子どももいた。やはり、はじめの記録の際、「とても手に負えないのではないか？」という跳び方をした子どもほど、根本式指導法では、伸び率が高かった。

　体の使い方がまるで分かっていなかった子どもほど、コツをつかみ、大きく記録を伸ばした。

（3）島村雄次郎先生の追試報告

小平市立小平第四小学校　島村雄次郎

指導時間1時間　場所　体育館指導日3月15日（火）6校時

5年生　35名（8グループ）

一番記録が伸びた子どもは、39cm記録が伸びた。

【指導の流れ】

(1)初の記録・実態調査　15分間

　年度末ということで、指導の時間が1時間しか取れなかった（実質の指導時間は60分）。何も指導しない状態で、4、5名のグループで最初の記録を取らせる。一人2回ずつ跳び、よい方を最初の記録とした。

(2)「根本式立ち幅跳び」指導　5分間

　子どもを集合させて教師が2つの跳び方を示す。

A　跳べない跳び方

①膝が伸びている。　②踵がついている。　③手の振りあげ振り下ろしができていない。

B　跳べる跳び方

①膝が曲がっている。　②つま先で跳んでいる。　③手を振りあげている。

全員がＢに手を挙げた。その理由について聞いたら次のような答えが挙がった。
○膝が曲がっていた方が、バネがあるから。○手を使うと勢いがつき、遠くに跳べる。○踵を上げているから。
○フワッと跳ぶから。○遠くを見ているから。○体が前のめりになるから。

(3)遠くに跳ぶ３つのポイントの確認

　遠くに跳ぶポイント３つ

(4)新・根本式指導法の実践　５分間

　Ａ　①膝を曲げる　息を吐く　②つま先で蹴る　息を吸う　③着地する　息を吐く

　Ｂ　①膝を曲げる　息を吸う　②つま先で蹴る　息を吐く　③着地する　息を吸う

(5)つま先を意識して跳び箱の上から跳ぶ練習　５分間

呼吸の仕方は吸うときに跳ぶか、吐くときに跳ぶのかも意識して跳ばせる。10人ほどが分からないと答えた。

(6)新・根本式指導法の説明　５分間

①膝を曲げます。この時、息を全部吐ききります。自然と膝が曲がるので、両手を下におろします。ここで一瞬息を止めてためを作ります。

②つま先で跳びます。つま先を蹴ると同時に息を吸いながら、両手を上に振り上げます。

つま先立ちは跳ぶ瞬間にするのではなく、最初からつま先立ちになります。つま先立ちになっていると、自然に前傾姿勢になり、斜め前方に跳べます。つま先で蹴ると同時に腕を振り上げます。

③着地する前、両手を下におろしながら、息を吐きます。息を吐くと、膝は自然に曲がります。新・根本方式では「イチ、ニー、サン」と声を出させて跳ばせると呼吸を強調しなくてもできるとあったが、自分で跳んでみて「ニー」と声に出しながら跳ぶのに違和感を感じたので、これは指示しなかった。

⑺呼吸を意識して踏み切り台の上から跳ぶ練習　10分間

最初に「イチ」で膝を曲げる。「ニー」で、つま先で蹴る。「サン」で両手を振り下ろして、膝を曲げる。タイミングをつかめたら、「イチニーサン」と呼吸を意識しながら跳ぶ練習をします。

⑻呼吸と腕の動きを意識した跳び方の個別評定　5分

グループごとに練習をしているマット（8か所）にまわっていき、「ニー」のところで、①つま先で蹴っているか、②息を吸っているかの2点をテンポ良く個別評定していった。できていない子どもは、やり直させて、全員ができるようにした。

⑼最後の記録　10分間

最初の記録と同じように2回跳んで、よい方を記録する。

【結果・考察】

記録が伸びなかった（変わらなかった）子どものなかで、運動が得意な子どもが5人いた。授業後に最初の記録の映像を見直してみると、その子どもたちはすでに自分の立ち幅跳びの跳び方を自然と身につけている子どもたちであった。

自分の跳び方が、「根本式立ち幅跳び」の指導方法で跳んでいる子どもはよいのだが、違った方法で跳んでいた子どもは、自分の跳び方を急に矯正する形になるので記録が落ちたのだと考えられる。

運動が苦手な子どもは、1時間も同じ練習をしていたのでモチベーションが下がってしまったと考えられる。しかし、1時間の指導で26人の記録が伸びたということは、「根本式立ち幅跳び」の指導方法は有効だと考えられる。

【子どもの感想】

①私は立ち幅跳びの時、呼吸を意識して跳んでいませんでした。ですが、先生の話を聞いてから、呼吸を意識し

て跳んでみると記録が伸びました。ゆっくり吐いて、吸うときに跳ぶとぐっと力が入ってよく跳べました。

②僕は立ち幅跳びでコツをつかみました。１つ目は腕をふる、２つ目は膝を曲げる、３つ目は踵を上げてつま先だけで跳ぶと記録が伸びました。この立ち幅跳びをするときはこの３つのコツを忘れずに跳ぼうと思います。自分で考えたコツは上の遠くの方を見ることです。僕はこれでやってみて20㎝も伸びました。

③手を思い切り振り、ふくらはぎに力を入れると同時に跳び、跳んでいる最中に尻に足がつくくらい足を上げて、バランスを取りながら足を前に出して着地すると、１ｍ50㎝は跳べるようになると思います。

④今日ぼくは、やってマイナスになっちゃったけど、たぶん僕のやり方がちょっと変だったんだと思う。でも、吐いて、吸って、吐くのやり方は一瞬浮く感じがでてとてもよいやり方だと思った。

⑤今日の立ち幅跳びでは記録を1㎝伸ばすことができました。わずかな差ですが、この積み重ねが大きな結果を生むと信じています。今回うまくポイントをつかむことができたのが、呼吸のリズムです。いつも吸っている途中で跳んでしまったりしていました。でもこれを意識したことによって、宙に浮いている時、体が軽くなったように思えました。しかし、つま先に体重をかけようとすると、私だけかもしれませんが、少し前のめりになってしまい着地時に安定しませんでした。

⑥私がこの授業でできるようになったことは、膝を曲げることです。コツだと思いますが、膝を曲げることで、長く跳べるようになりました。跳び箱や踏み台を使っての練習では、フワッと跳べるようになりました。結果は1㎝程しか伸びませんでしたが、これからの練習につなげていきたいです。今度はもっと長く跳べるようになりたいです。10㎝ぐらいは伸ばしたいです。

⑦私は最初１４２㎝しか跳べなくて、走り幅跳びもあんまり跳べませんでした。私は、こんな練習（短時間での練習）で長くなるとは思いませんでした。そして、練習が終わった後、１６５㎝に伸びてうれしかったです。私は体重を前にかけると跳びやすかったです。立ち幅跳びはあまり得意な方ではなかったけど、３つの工夫で

跳べるようになりました。1つ目はつま先でジャンプをする。2つ目は膝を曲げてジャンプをする。3つ目は常識だけど足をそろえることです。

（4）阿妻洋二郎先生の追試報告

指導時間2時間　指導日　第1時　3月8日（火）2校時　第2時　3月16日（水）4校時

5年生20名（4グループ）　欠席3名

【指導の流れ】

1．最初の記録（2回計測）

2．悪い跳び方（A）、良い跳び方（B）を見せる。（2回）

全員Bを選択。

（1）膝が曲がっている。

（2）腕をよく振っている。

（3）腕を素早く振っている。

（4）踵が上がっている。

踵が上がっていることに気づく子がいなかったので、もう一度さらにスローでやった。

3．立ち幅跳びのコツを確認。

一時に一事で指導。

①1、2、3と言う指導

・膝を曲げたとき間（ため）を作るため「イーチ」と伸ばさせ、「チ」を大きく言わせた。

②腕を振る・踵を上げる指導

・声（息）を出していたので自然と膝が曲がる。
・「イーチ」の「チ」のとき、踵を上げることを意識させることで、自然と間（ため）もできた。

③呼吸の指導
・「1、2、3」と声を出すことを恥ずかしがる女子が1名いて、息を吐き出せていなかったので、吐く↓吸う↓吐くを指導した。

4．つま先を意識してポートボール台（跳び箱がすぐ出せない状態だったので）の上から跳ぶ練習、踏み切り板から跳ぶ練習（時間の関係でマット・床は省略）
・腕をゆっくり上げている子、肘を曲げている子がいたので素早く振り上げること、肘を伸ばすことを指導した。これにより腕の上げ下げする力が跳ぶことに伝わるようになった。

5．テスト（個別評定）
・時間の関係でやや基準を甘くしてしまった。これがいけなかった。記録が伸びなかった子が出てしまった。

6．グループごとに記録をとる。
20名中記録が伸びた児童　16名　平均　指導前１４５・７cm　指導後１５５・75cm　伸び　10・05cm

【教師の感想・分析】
・踵を上げることを意識させることが非常に重要であった。
・膝を曲げたとき間（ため）を作るため、「イーチ」と伸ばさせ、「チ」を大きく言わせると良い。
・声（息）を出していたので自然と膝が曲がっていた。
・「イーチ」の「チ」のとき、踵を上げることを意識させることで、自然と間（ため）もできた。
・腕をゆっくり上げている子、肘を曲げている子がいたので素早く振り上げること、肘を伸ばすことを指導した。
これにより腕の上げ下げする力が跳ぶことに伝わるようになった。

・息をしっかりと吐き出せているかを見ることが重要であった。
・3つのコツがしっかり身に付いていた子は飛躍的に記録が伸びた。逆に、身につけられなかった子（個別評定で見落としていた。教師の責任）は記録が伸びなかった。記録が落ちてしまったのは、コツを意識するあまり（技術が技能まで高まっていない状態である）動きがぎこちなくなったためと考えられる。

【子どもの感想】

①指導前、1m25㎝・1m30㎝だった。しかし、指導を受けてからは始め1m19㎝と下がった。でもその次は伸びて1m33㎝。とてもうれしかった。去年までよりも上がった。手で勢いをつけたり、つま先立ちになる。そのような指導をしてもらったことで自己ベストを出すことができてよかった。

②指導前は、1回目151㎝2回目145㎝だった。自分では、「けっこういいな」と思っていた。そして今日、先生から立ち幅跳びの指導を受けた。コツを確認してやったら、自己最高記録の169㎝になった。これからも練習をして少しずつでいいから記録を伸ばしていきたい。

③指導前の方が伸びていた。足をしっかり曲げ、手を速くふるのをがんばると私はもっと跳べると思う。なのでこれからもっと練習する。

④ぼくは、最初は1m54㎝だった。自分ではけっこういったと思う。2回目は記録が下がってしまい1m50㎝だった。1回目で少しつかれたんだと思った。3回目は指導を受けてやった。もっと記録が上がると思ったが、1m30㎝だった。けっこう下がった。4回目は1m42㎝だった。少し上がると思ったけれどあまり上がらなかった。またやるときはもっと記録を伸ばしたい。

⑤初め指導してもらう前は、1m40ぐらいでこんなもんかと思っていた。しかし、よく跳ぶ跳び方を教えてもらい足をまげて跳ぶや息を吸ったり吐いたり、手をふってやるなど教えてもらい、教えてもらう前より8㎝ぐらい伸びました。1m50もこえられるほど伸びてうれしかったし、こんなんでこんなに伸びてびっくりした。

⑥指導を受ける前は１６６cmだったが、指導を受けたら27cm伸びて１９３cmになった。こんなに伸びた原因は、「１、２、３」というかけ声で跳ぶようにしたことだろう。１で膝を曲げ、２で跳ぶ。３で着地をする。それと同時に息を吐いたり吸ったりし、踵を上げる。これに気をつけて跳んだら。１ｍ93cmという記録を出せた。

⑦指導前は１ｍ69から１ｍ70だったけど、今日の体育では、最後に１ｍ75という新記録が出た。先生が言ったことをやったら新記録が出た。とてもうれしかった。

⑧初めは何も意識せずにやっていたので伸びなかった。でも、２回目は自分でもやり方を考えたが、先生が深呼吸をするというところまでは、自分で考えてなかった。１回目と最後の記録の差は17cmもありました。でも一番低いのと高いのでは、25cmもありました。先生は手をよくふると言っていたが、それは本当によく跳ぶためのコツだった。あとぼくは頭ごといくのもいいと思った。

全体の記録

No.	はじめの記録（cm）	終わりの記録（cm）	伸び（cm）
1	145	140	-5
2	150	155	5
3	125	158	33
4	130	133	3
5	145	150	5
6	115	108	-7
7	127	151	24
8	192	210	18
9	141	158	17
10	154	142	-12
11	145	153	8
12	151	169	18
13	146	163	17
14	131	142	11
15	143	148	5
16	120	125	5
17	165	162	-3
18	170	175	5
19	156	193	37
20	163	180	17
平均	145.7	155.75	10.05

（５）佐藤泰之先生の追試報告

立ち幅跳びの追試を行いました。５年生36名です。やはり、１時間で練習から本番まで行うので、疲れてしまうようで、初めから跳べていた子には記録が下がってしまった子もいました。

しかし、１ｍいかなかった低位の子たちの記録は全員伸びています。30㎝、32㎝伸びた子もいます。素晴らしい実践だということが分かりました。

4時間目の終わり10分、子どもたちに「探偵！ナイトスクープ」の映像を見せました。

ＴＯＳＳデーのように、「どんな跳び方だったと思う？」「みんなだったらどうアドバイスする？」「何㎝跳べるようになったらすごい？」と発問をしながら行いました。

子どもたちは食い入るように映像を見ていました。１４３㎝跳べたときには、教室中から拍手が起こりました。その後、教室や廊下で幅跳びの練習をしている子がたくさんいました。ちなみに、幅跳びの授業をやったのは、５時間目です。子どもたちはかなりやる気満々でした。

子どもたちの感想

○今日は、すごい映像を見せてもらいました。たった1日でこんなに跳べるようになるなんてビックリしました。教室中からも歓声があがりました。テレビでみたのを次の授業で生かしたいです。（男）

○立ち幅跳びは、あまりうまくないので、今回の映像をもとにして授業でうまく使ってうまくなりたいです。（男）

○この映像を見て、私は立ち幅跳びが得意ではないので、このことを元にして頑張っていきたいです。（女）

○私は、立ち幅跳びが全然出来なくて、やるのが嫌だったけど、幸子さんのやっているのを見て、できないと

思っていたけど最後にはできていて、がんばればできるということを分かった。（男）
○今日の映像を見て、朝から練習して夕方前に出来るようになっていて、根本先生のおかげなんだなと思いました。A子さんはたぶん頑張って、練習してできるようになったとおもうので、私もできないことがあったら練習して頑張りたいです。（女）

教師の感想

1時間の中で最後の計測まで行うと、練習をいっぱいしたせいか疲れてしまい、記録の伸びない子どもが多かった。特に、記録がもともとよかった子どもは特にその傾向が強い。放課後、もう一度とった記録では、どの子も記録が伸びていた。1時間の中で行うのではなく、1時間目初めの計測と練習、2時間目復習と最後の計測のようにして記録を計った方が正確な記録がとれる。45分やるのではなく、各時間20分間程度で行う。

80cm→112cm、91cm→121cm、95cm→99cm、1mよりも短かった子どもはどの子も伸びている。「遠くまで跳べるようになったー」と飛び跳ねて喜んでいた。

体育館の床で行った。ワックスのせいか、着地が滑ってしまう子や転んでしまう子が多くいた。計測の数値も全てが正しいとは言えないかもしれない。マットの上で行うとピタッと止まるのでその方がよいと感じた。平均記録は、3・4cm伸びた。低位の子が皆伸びたことも考えると、指導法は効果があると考える。新体力テストの立ち幅跳び記録が楽しみである。

（6）小路健太郎先生の追試報告

5年生14名、6年生16名の実施です。

教室での実施でしたので、まずビデオを見せて、根本先生に指導方法を教わってきましたと、子どもたちに言ってから追試しました。

ビデオを見せたのもあるかもしれませんが、教師の演示を見て、気をつけるポイントの3つは子どもたちから出ました。

意見（分かったこと、問題点、改善点）

・マットでの立ち幅跳びということで、マットが滑るのでやりにくい子が多くいた。

全体の記録

No.	はじめの記録（cm）	終わりの記録（cm）	伸び（cm）
1	165	160	-5
2	160	155	-5
3	130	140	10
4	144	145	1
5	110	118	8
6	91	121	30
7	116	130	14
8	117	127	10
9	125	121	-4
10	139	145	6
11	119	134	15
12	80	112	32
13	122	131	9
14	114	121	7
15	182	152	-30
16	170	174	4
17	108	80	-28
18	127	136	9
19	106	120	14
20	115	112	-3
21	135	140	5
22	95	99	4
23	130	136	6
24	141	148	7
25	101	115	14
26	147	150	3
27	157	160	3
28	145	155	10
29	168	160	-8
30	124	118	-6
31	116	125	9
32	165	140	-25
33	129	125	-4
34	136	140	4
35	129	138	9
36	150	148	-2
平均	130.8	134.2	3.42

マットが動かないように子どもたちでおさえながら実施したが、滑り止めシートなどをひく必要があるかもしれない。

・フォームが上手な子、もともと跳べる子にとっては、フォームを意識してしまうあまり、記録が下がってしまう子も見られた。練習量が少なかったのが、原因と考える。

・1、2、3と声に出しながらやるこの中で、2で跳ばないで3で跳ぶ子がいた。動きがまだ子どもに入っていないものと思われる。

全体の記録

No.	はじめの記録（cm）	終わりの記録（cm）	伸び（cm）
1	155	160	5
2	140	160	20
3	110	140	30
4	140	150	10
5	195	185	-10
6	170	185	15
7	155	160	5
8	170	170	0
9	120	120	0
10	145	150	5
11	140	140	0
12	135	140	5
13	150	145	-5
14	155	170	15
15	115	135	20
16	130	135	5
17	160	165	5
18	130	132	2
19	110	125	15
20	155	140	-15
21	115	115	0
22	150	145	-5
23	140	145	5
24	90	90	0
25	105	115	10
26	105	140	35
27	90	100	10
28	140	145	5
29	150	150	0
30	135	140	5
平均	136.7	143.1	6.4

（7）東條正興先生の追試報告　ＴＯＳＳ体育中央事務局　東條正興

たった1時間半の指導でも記録は伸びる。ポイントは、「つま先立ち」と「足の裏を後ろに見せること」である。

1．追試の結果

1時間半の指導で、伸びた子は、13人のうち、9人であった。平均で約10㎝の伸びであった。最高で、33㎝伸びた子もいた。学級の中でも運動能力が最も低い一人である。つま先立ちということを理解して動くのに時間を要した子であった。

その他、20㎝以上伸びた子が3名である。この3名のうち2名は、学級の中でも最も運動能力の高い子達である。伸びなかった子どもは、マイナス2～マイナス8㎝程度であり、さほどマイナスというレベルではない。

全体の記録

No.	はじめの記録（㎝）	終わりの記録（㎝）	伸び（㎝）
1	100	133	33
2	132	124	-8
3	145	170	25
4	163	165	2
5	135	160	25
6	153	158	5
7	147	153	6
8	163	177	14
9	158	153	-5
10	147	145	-2
11	151	165	14
12	133	129	-4
13	140	163	23
平均	143.6	153.5	9.9

基本的に、全体指導の後は、グループ練習であり、グループごとの測定に任せていたので、もう少し指導の入る余地はあった。時間の関係で、あわてて測定の段階に入ってしまったが、全体的に個別指導に入ればもう少し伸びたのではないかと反省している。

ただ、テクニカルポイントが「初めからつま先立ち」であることを子どもの事実から、実証することができたのではないかと考えている。

２．指導の実際

2時間での指導である。学級の児童数は15人。そのうち、欠席や見学で、実質13人への指導であった。

〈1時間目〉

鬼ごっこなどの準備運動で体をあたためた後、グループごとに場づくりをさせ、まず2回ずつ測定させた。この時点で、子ども達の跳び方を観察すると、運動部に入っている男子の一部は、ある程度形になっているが、音楽部に入っている女子全員の跳び方はめちゃくちゃである。手と足の動きが、バラバラであり、協応していない。

空中に跳んだ瞬間に、手をあげたかと思うと着地前には手が下におりている。また、空中姿勢の腕が、ぐにゃっと曲がっている。これは、一部男子にも見られる傾向であった。そして、跳べない子は、足の裏がまったく後ろに見えない。

根本正雄先生が主婦への指導の中で、「足の裏を見せてください」と指示をしていた。

このことが頭に残っていたからこそ、気づいたことである。2回の測定のあと、跳び箱1段をマットの上に置かせてから集めた。「探偵！ナイトスクープ」の5cmしか跳べなかった主婦の話を簡単にした。

「先生が、跳べない主婦の真似をします」「えー!!」とその跳び方に驚いた子ども達。

次に、跳べる跳び方で跳んでみせる。どこが、ちがうか気づいた人？　と発問。

「膝が曲がっている」「跳んでいる時に腕が上に伸びている」「胸を反った方が跳べる」など、意見が出たところで、もう一度2通りの跳び方で跳んで見せて確認する。

「もう一つ大切なことを教えます。先生の足を見てください」と言って、つま先立ちに気づかせる。

「このように、最初からつま先立ちで跳びます。やってみましょう。全員起立」

（1）つま先立ちの指導

「つま先で立ちます。そこから一気に膝を曲げます。この時も踵が浮いた状態です」

意識していないと、膝を曲げたときに踵がついてしまう子がいた。

「踵の下に画びょうがおいてあると思って」

このようなイメージ言葉で、踵を浮かせた状態で膝の屈伸ができるようになった。教師の「1・2・1・2」の声に合わせて、膝の屈伸をする。1で膝を曲げ、2で伸ばす。

（2）腕の振りの指導

「腕の振りをつけます。1で腕を下に、2で上に伸ばします」。腕の振りだけを練習してから膝の屈伸に合わせる。ここで、個別評定をする。

全員ができるようにする。観点は、「踵がついていないかどうか」だけである。あとから思えば、ここでつま先立ちのときにバランスを崩しかけている男子がいた。これを見逃さず、上体の姿勢について指導しておけば、記録が伸びたに違いない。

（3）跳び箱からの跳び下り

基本は、「一時に一事」の指導である。一人の子どもを跳び箱の上に乗せて、示範させる。

「このようにつま先を少し跳び箱から出して跳びます」「一人3回跳んだら座りなさい」

終わったところで、全員を集めて次の発問をした。

発問　つま先は、どこを蹴りますか。

　A　跳び箱の上　　B　跳び箱の側面

全員が、Bと答えた。「側面を蹴って跳びなさい」。そして、跳べない女子の空中姿勢を見て、次の指示を出す。

「足の裏が後ろの人に見えるように跳びます。後ろの人は、『見えた』か『見えなかった』か教えてあげてください」
このように相互に個別評定させていった。これによって、全体的に両足蹴りが強くなっていった。結果として、マットを跳びこしてしまう子も出たくらいである。

（4）踏み切り板からの跳び下り

跳び箱と同じように跳ばせる。ここで、時間終了。

〈2時間目〉

（5）床上での姿勢づくり

1時間目から日が経ってしまったので、復習として、床上での姿勢づくりから行う。

「1・2・3」の「2」で、実際のその場に跳ばせる。「1」で十分に沈みこまないと、高く跳べないことを確認する。「3」でもつま先立ちだと勘違いしている子が数人いたのを発見し、修正。「1・2・3」と声に出させる。声に出すことで、動きが揃うようになる。

（6）跳び箱からの跳び下り

前時の「一時に一事」の指導のサイクルに、一つ加えた。空中で腕が下になってしまう子のための指導である。

「2で思いっきり腕を上に伸ばしなさい」これによって、バラバラであった女子のフォームが改善された。数回ずつ跳ばせた後、踏み切り板へ。

（7）踏み切り板での跳び下り

ここでも声に出させながら、跳ばせる。踏み切りの高さが低くなることで、空中姿勢がくずれやすくなる子がいたので、指導する。踏み切り板を3回ほど跳ばせたところで、床の上に集める。

「それでは、ここからいよいよマットの上での練習だよ」と言って、全員その場で垂直に跳んで、再度跳び方の確認をした。

（8）マットでの練習

測定前に5分間ほどグループごとに練習させた。マットになると、つま先立ちになった時につま先がマットに沈みこんでしまって、上体のバランスをうまくとれない子がいた。

床の上で2~3度練習させてみるものの、上体が前に沈みこんだままであった。この子は、結果的に記録が伸びなかった。有効な手立てがみつからなかった。今から考えれば、目線にあるのではないか。その後、各グループで測定させた。平均一人4回測定できた。

3．指導が終わって、気づいたこと・思ったこと

跳び箱などの上に立たせるとき、つま先が出過ぎると、「つま先立ち」ができなくなる。このようなことにも気をつけて、子どもの踏切姿勢を教師が確認しなければならない。

記録が伸びなかった子は、4名全員の姿勢を注意して見ていたわけではないが、つま先立ちを意識し過ぎるあまり、かなり前のめりの姿勢になってしまったのではないかと考えられる。

今後、機会があれば、伸びなかった子への補充の指導をして、「できなかった」原因を追求してみたい。また、今回は子どもの運動動作にだけ気をとられ、「呼吸法」を指導することが抜けてしまった。

他の実践者と比べた結果の差は、このような細部にこそ宿るのだろう。

記録が伸びた子は、どの子も「伸びた！」と、うれしそうに「成功体験」を語っていた。

いわゆる運動が苦手な子だけでなく、運動の得意な子も記録が向上したことで、「どの子も伸ばす」指導法が確立されたことを実感した。また是非「特設運動部」などで、子ども達に修正して指導してみたい。

（8）青木勝隆先生の追試報告

和歌山の青木勝隆です。本校は現在、体育館の改修工事中です。体育館使用不可に加えて、運動場の仕様も工事

のため大きく制限されています。（運動場の半分は工事車両が入るため使用不可）

そのため、体育の時間が少なく、雨天が続いたこともあり、先生への報告が今日になりました。お詫びいたします。驚くような結果がでました。

1．学級　5年3組　26名（男子12名、女子14名）

2．実践場所　運動場砂場

3．実践結果（詳しいデータは添付資料「子どもの記録」参照）

1回目の記録・平均131・8㎝

2回目の記録・平均138・3㎝（伸び6・5㎝）

3回目の記録・平均140・6㎝（1回目と最高記録との比較（伸び）12・5㎝）

4．修正追試報告

■1時間目（5月17日）

立ち幅跳びを行う。何も指導せず、いきなり計測した。その後、別の内容で体育を行う。

■2時間目（5月20日）　※グループを作る。1グループ4～5名

指示1　2つの跳び方で先生が跳びます。どこが違うか、よく見ていましょう。（ゆっくりと2回行う）

A　跳べない　①膝が伸びている　②踵がついている　③手の振りあげ振り下ろしができていない

B　跳べる　①膝が曲がっている　②つま先で跳んでいる　③手の振りあげ振り下ろしができている

発問1　どうしてBの方が遠くへ跳べるのですか（上記の①～③が発表された。「つま先で跳んでいる」の発見に時間がかかった）。

説　明　みんなの意見をまとめます（教師の一方的な説明にならないようにする。子どもの意見や考えを出させてから説明する）。立ち幅跳びのコツは3つあります。

①膝を曲げます。この時、息を吐きながら、両手を下におろします。
②つま先で跳びます。つま先を蹴ると同時に息を吸いながら、両手を上に振り上げます（最初からつま先立ちの姿勢になる）。
③着地する前、両手を下におろしながら、息を吐きます。膝は曲げます。

①膝を曲げる　　息を吐く　　イチ
②つま先で蹴る　息を吸う　　ニー
③着地する　　　息を吐く　　サン

イチニーサンと何度も声を出す練習と、「声に合わせて膝を曲げる、つま先で蹴る、両手を振り下ろして膝を曲げる」を、跳ばないで、その場で練習した。

指示2　3つのコツを身に着けて、遠くへ跳ぶ練習をします。
①跳び箱1段の台から跳びます。つま先を台にかけて跳びます。
②次は踏み切り板の角につま先をかけて跳びます。
③後はマットから跳びます。最初から最後までつま先で立ち、跳びます。
跳び箱、踏み切り板、床の順番で跳びます。

運動場なので、次のような場で行った。
第1段階　ポートボール台からつま先をかけて跳ぶ。
第2段階　砂場の枠木（砂場から10㎝ほど高くなっている）につま先をかけて跳ぶ。
第3段階　地面から跳ぶ。

この指導（5月20日）のあと、記録の伸びなかった子達が悔しがり、次回、もう1回計測したいと言ってきた。
そこで、その次の体育（5月31日）に、再度計測した。次の点をおさらいした（2分ほど）。

着地する前、両手を下におろしながら、息を吐きます。膝は曲げます。

①膝を曲げる　息を吐く　イチ

②つま先で蹴る　息を吸う　ニー

③着地する　息を吐く　サン

その後、2回跳ばせた。その2回のうちの良いほうの記録が「3回目」の記録である。

※1根本先生のご指示では「2時間扱いでの報告」でしたが、学級では3回目も計測しましたので、念のために報告させていただきます。

※2大幅に記録の伸びた出席番号1、3の子は、背の順1番、2番の子です。

子どもたちの喜びようと、驚きようが忘れられないです。来年は体育の黄金の3日間に絶対に実践したいです。

記録が伸びなかった2名は、今後、絶対に伸ばします。

根本先生、貴重な追試の機会をお与えいただき、本当にありがとうございました。

全体の記録

No.	はじめの記録（cm）	終わりの記録（cm）	伸び（cm）
1	120	149	29
2	124	120	-4
3	135	160	25
4	132	151	19
5	150	146	-4
6	135	139	4
7	115	130	15
8	130	145	15
9	134	130	-4
10	127	121	-6
11	129	134	5
12	133	145	12
13	118	125	7
14	118	120	2
15	130	112	-18
16	138	112	-26
17	115	140	25
18	130	145	15
19	145	141	-4
20	145	145	0
21	153	158	5
22	120	129	9
23	144	140	-4
24	136	158	22
25	150	148	-2
26	122	153	31
平均	131.8	138.3	6.5

(9) 丸亀貴彦先生の追試報告

立ち幅跳び記録　仁摩小学校

No.	性別	はじめの記録（cm）	終わりの記録（cm）	伸び（cm）
1	男	155	166	11
2	女	175	193	18
3	女	165	179	14
4	女	143	153	10
5	女	129	153	24
6	女	135	140	5
7	男	125	—	—
8	男	131	145	14
9	男	138	164	26
10	男	181	172	-9
11	女	166	171	5
12	男	194	192	-2
13	女	160	154	-6
14	女	169	162	-7
15	男	150	140	-10
16	男	175	185	10
17	男	141	144	3
18	男	165	165	0
19	男	163	159	-4
20	男	140	148	8
21	女	135	147	12
22	女	166	184	18
23	女	137	152	15
24	男	120	141	21
25	男	124	131	7
平均		152.4	160	5.6

(10) 大井隆夫先生の追試報告

全体の記録

No.	はじめの記録（cm）	終わりの記録（cm）	伸び（cm）
1	115	110	-5
2	142	146	4
3	158	173	15
4	142	132	-10
5	140	149	9
6	132	135	3
7	144	149	5
8	159	178	19
9	174	183	9
10	165	175	10
11	147	166	19
12	142	148	6
13	163	168	5
平均	147.9	154.8	6.8

（11）中村雄司先生の追試報告

体育館を自由に使える環境でなかったので、クラスのバスケット部女子のみ５名を実施。

【発問】よい跳び方と悪い跳び方の違い

・腕を振る

・膝を曲げる

・胸をそる

※（シューズを履いていたので、「踵を上げる」は見えづらく、意見が出なかった）

・今回の対象者は、運動が得意な子であるが、記録が伸びた。運動が苦手な子の方が、もっと記録が伸びやすいのかも知れない。跳び箱での練習で「跳ぶイメージ」がつかめた、と言っていた。また、跳び箱で跳ぶ際、足の位置が気になった。足がすっぽり跳び箱の中にはいっていた。少しつま先が出ていた方が蹴りやすいことを伝えた。

全体の記録

No.	はじめの記録（cm）	終わりの記録（cm）	伸び（cm）
1	145	162	17
2	143	155	12
3	150	161	11
4	142	147	5
5	141	160	19
平均	144.2	157	12.8

6 追試報告　6年

（1）永井貴憲先生の追試報告

岡山県TOSS作州教育サークル　永井貴憲

【実施日】第一時：4月20日（水）一時間目
　　　　　第二時：4月26日（火）一時間目

【場所】体育館　【対象】6年生33名（男子17名、女子16名）

①分かったこと

まず、実感したのは、「根本式立ち幅跳び」指導をすると、フォームがものすごくよくなったことです。理想のフォームに近づけました。1時間目とは激変しました。

呼吸法（1吐いて　2吸って　3吐いて）がイメージでき、自然と膝が曲がり、跳ぶイメージができました。子ども達もそのような感想がたくさんありました。

「つま先で跳ぶイメージ」も跳び箱やロイター板での場の設定で、跳躍感覚をつかませることができました。遠くへ跳んでいるイメージも持てるので、よかったです。

どんなことでもフォーム（基礎）がしっかりしていないと、その後の伸びがないと思います。それが意識できているだけ、これからの伸びが楽しみです。新体力テストに向けて意識させていきたいです。

②問題点（反省点）

（1）問題点（反省点）は、第一時で、場の設定をもっと事前に確認しておくこと（メジャーの数、それをはかる棒、ガムテープ、ハサミ等）など。

（2）どちらも短縮時帯（40分授業）で第一時、第二時も25分程度しかとれなかったことが反省点です。申し訳ございません。しっかりとっていたら（特に第二時）もっと、個別に配慮が行き届き、よりよい記録がとれていたのかもしれません。

しかし、目標は6月初旬にある新体力テストです。この「根本式立ち幅跳び」指導でフォームがしっかり意識できましたので、きっと第一時の記録の時よりも伸びた記録がでることだと思います。意識させていきます。

（3）【指示3】の「3つのコツができたら、先生のところにきてテストを受けます。合格したら、グループの場で練習します」の時間がとれていなかったので、できている子とできていない子の仕分けができませんでした。

（4）45分のだいたいの時間配分（内訳）があったら、追試するのにもっとよかったのかもしれません。根本先生の指導法についての問題点は全くありませんでした。自分の反省です。

③改善点

（1）バレーボールをやっていましたので、バレーの話をしました。

「バレーボール選手はスパイクを打つときに、一の時に手を後ろにしっかり振り、二で両手を上に上げるから、上体もあがり、高く跳べるんだよ」

「バックスイングをしっかりとってみようね」と話をしました。バレーを習っている子は「なるほど」と頷いていました。

（2）「根本式立ち幅跳び」指導でバックスイングも意識させていきました。この指導法でやっていくうちに子ども達が無意識にバックスイングがとれていたので、（1）の話をしました。グンとフォームがたくましく理想的になりました。

（3）呼吸法の言い方を工夫してみました。

（A）「イチ、ニー、サン」よりも（B）「イチ、ニッ、サン」の方がいいのかなと感じました。（A）だと呼吸のイメージが「フゥ、フゥ、フゥ」になり、（B）だと呼吸のイメージが「フゥ、フッ、フゥ」になります。「ニッ」の吸う呼吸時で、一瞬の爆発的なエネルギーが必要になることを体感させるにはその方がいいのかもと感じました。

（4）第二時の最初の跳べない方法と跳ぶ方法の演示の際、靴を脱いで演示しました。

つま先がどのようになっているかのイメージをつかませるにはその方がいいのかなと思ったからです。そうすると、跳び箱やロイター板でのつま先で跳ぶ感覚を身につける練習の際、「先生、靴を脱いでもいいですか?」と言ってくる子が出てきました。

ダンス指導でも足先（つま先）が大事になってくるので、つま先を意識させたいときは、靴を脱いで見せる（演示）ことが多いです。

上記の改善点はあくまでも我流だったので、それが逆によくなかったのかもしれません。少しでも参考になればと思います。

追試させていただき、本当に勉強になりました。これから（次年度）もこの指導を推進していきたいです。貴重な経験の場をありがとうございました。

・子ども達の感想の一部

Aさん（１６８→１８３）

今までは息を吸ったり、吐いたりはしていなかったけど、今回、先生に教えてもらい、息を吐いて、吸って、吐いての呼吸のリズムを覚えて記録が15㎝も伸びたので、とても満足しました。家や外でも練習したいと思います。

Bさん（１５２→１６０）

今までは、手を大きく振って跳んでいなかったけど、先生に「手を大きく振ったらよく跳べるよっ」と言われたので、やってみたら、１５２㎝から８㎝も伸びました。

私は今までは立ち幅跳びはあまり跳べなかったけど、今年の立ち幅跳びはすごい自信がついてもっと記録を伸ばしていきたいと思います！　先生、ありがとうございました！

Ｃさん（１３８↓１４５）

今日、先生に教えてもらった１・２・３をやってみたら、前より10㎝ぐらい伸びてよかったです。前も手を振っていたけど、「吸って、吐いて」はこんなにいい記録がでるんだなと思いました。

Ｄさん（１７０↓１８３）

今日の「イチ」「ニッ」「サン」のやり方ですると、今までの記録より約10㎝伸びて、すごくびっくりしました。それと、少し跳び方を工夫するだけで記録がとても伸びることが分かりました。

今までの跳び方は、ほとんど足が曲がっていなかったので、たくさん記録は伸びませんでした。だけど、今日はすっごーく記録が伸びたので嬉しかったです。

Ｅさん（１６１↓１７７）

今日、先生に教えてもらった呼吸の仕方や足の使い方などで、前の記録よりも10㎝以上も伸びました。前の自分は呼吸の仕方や足の使い方などもまったく考えずにただ「いい記録を出したい」ということだけを考えていたので、記録が１７０㎝もいかず、くやしい思いをしていました。

でも、今日は腕もしっかり振って、膝もしっかり曲げて足もしっかり踏み込んだので、いい記録が出せました。これからもいい記録が出せるようにがんばって練習したいと思います。

Ｆさん（１８９↓１９０）

今日、先生に吐く・吸う・吐くという立ち幅跳びの遠くへ跳べるコツを教えてもらって、前までは吸う・吐くというやり方でやっていなかったので、体が軽く感じられました。

全体の記録

No.	はじめの記録（cm）	終わりの記録（cm）	伸び（cm）
1	168	183	15
2	152	160	8
3	138	130	-8
4	173	175	2
5	170	163	-7
6	170	170	0
7	170	156	-14
8	173	166	-7
9	169	177	8
10	138	145	7
11	163	175	12
12	171	173	2
13	179	179	0
14	198	205	7
15	143	150	7
16	178	186	8
17	170	183	13
18	93	109	16
19	145	153	8
20	175	174	-1
21	161	177	16
22	169	169	0
23	189	190	1
24	169	167	-2
25	168	164	-4
26	159	156	-3
27	162	165	3
28	141	143	2
29	174	187	13
30	175	179	4
31	168	162	-6
32	131	134	3
33	143	146	3
平均	162	165.2	3.2

踏み切り板と台からの練習

（2）河野健一先生の追試報告

意見（分かったこと、問題点、改善点）

○子どもたちの記録は軒並み伸びた。１００cmに満たなかった2人が１００cmを軽く超える記録を出し、喜んでいた。また、既に２００cmを跳んでいたような子たちも更に記録が伸び、できる子・できない子両方に効果があることがわかった。

○腕を振ること、膝を曲げることは、得意な子たちは既にほとんどの子たちができていた。一方「最初からつま先立ちになる」ことが目新しかったようである。これが、得意な子たちの更なる記録の伸びにつながったと思われる。

○苦手な子たちは、息を吐いたり吸ったりしながら膝を曲げ伸ばしし、腕を振ることが難しいようだった。①②③のコツをもう少し丁寧に指導すれば良かった。膝を曲げることができない子が多く、①の部分で個別評定を入れても良かったかもしれない。もしくは、最初は腕だけを教え、その後で呼吸、最後に足（膝とつま先）というようなステップで教えた方が良かったかもしれない。

（３）稲嶺保先生の追試報告

意見（分かったこと、問題点、改善点）

・はじめ、終わりともに児童の測定（グループ内）で行いました。
・前回、「踵をあげて跳ぶ」、「呼吸法」の２つの指導で上手くいかなかったため、今回は、「踵をあげて跳ぶ」だけを重点的に指導しました。
・「踵をあげて跳ぶ」を行ったのですが、「はじめ」よりも記録を落とす子どもが見られました。これは、「跳ぶ際」のバランスの悪さかと考えます。「足幅を肩幅に開く」や「かがむ際に踵をあげる」などの指導を行ったのですが、うまくいきませんでした。
・記録を伸ばしたグループが12～16のグループです。１人は、２ｍ超えを達成しました。グループの様子を見て

全体の記録

No.	はじめの記録（cm）	終わりの記録（cm）	伸び（cm）
1	165	185	20
2	208	220	12
3	170	190	20
4	160	210	50
5	160	185	25
6	170	180	10
7	140	170	30
8	135	148	13
9	180	195	15
10	160	210	50
11	140	180	40
12	180	200	20
13	160	200	40
14	170	175	5
15	80	130	50
16	65	120	55
17	180	190	10
18	140	150	10
19	170	180	10
20	205	215	10
21	200	240	40
22	160	220	60
23	180	195	15
24	200	205	5
25	160	180	20
26	190	205	15
27	145	205	60
28	180	190	10
29	185	195	10
30	200	215	15
31	150	195	45
32	190	210	20
平均	164.9	190.3	25.3

いると、腕ふりでリズムをとりながら、取り組んでいました。

全体の記録

No.	はじめの記録（cm）	終わりの記録（cm）	伸び（cm）
1	152	126	-26
2	178	165	-13
3	168	159	-9
4	130	115	-15
5	150	142	-8
6	188	187	-1
7	152	—	—
8	182	172	-10
9	141	135	-6
10	155	141	-14
11	141	135	-6
12	180	182	2
13	135	140	5
14	193	208	15
15	149	161	12
16	184	170	-14
17	156	160	4
18	167	165	-2
19	75	—	—
20	154	140	-14
21	179	191	12
22	166	147	-19
23	140	134	-6
24	163	172	9
25	131	128	-3
26	155	135	-20
27	167	150	-17
平均	156.7	154.4	-5.8

（4）本吉伸行先生の追試報告

全体の記録

No.	はじめの記録(cm)	終わりの記録(cm)	伸び(cm)
1	117	122	5
2	120	121	1
3	150	153	3
4	–	–	–
5	143	174	31
6	120	131	11
7	115	140	25
8	151	149	-2
9	145	150	5
10	171	182	11
11	140	142	2
12	125	155	30
13	170	190	20
14	153	157	4
15	165	170	5
16	138	140	2
17	147	160	13
18	143	160	17
19	160	170	10
20	155	168	13
21	115	120	5
22	–	–	–
23	185	190	5
24	149	150	1
25	155	150	-5
26	116	120	4
27	180	183	3
28	120	131	11
29	149	160	11
30	130	134	4
31	105	114	9
32	153	150	-3
平均	142.8	151.2	8.4

（5）大谷智士先生の追試報告

意見（分かったこと、問題点、改善点）

卒業式前であったため、十分な時間と場所を確保することができなかった。雪がちらつくなかでの運動場での実施。また、2時間ではなく、1時間で実施。まず、跳べない方法と跳べる方法をやってみせた。よく跳べる理由をきいたが、根本先生のあげる3つは出なかった。足のバネを使う、体を使う等の意見が出た。出なかったものは、教師のほうから説明をした。4つのグループに分け練習を行う。跳び箱1段を使っての練習。その後、踏み切り板を使っての練習。そして、記録測定を行った。結果、記録が伸びた子どももいたが、下がってしまった子どももいた。記録が下がった原因として考えられるのは、時間と場所を確保できなかった点。

そのため、呼吸に合わせての練習が足りなかった。息を吐いて膝を曲げることはできたが、息を吸いながら跳ぶことが難しかったようだった。この動きが身に付いていないのに、次のステップに進んでしまったため、動きがぎこちなくなってしまっていた。着地の時に、両手を挙げて着地をしてしまっていた。息を吐く前に地面についていた。吸って、吐くタイミングが分からなかったためである。指導不足である。また、運動能力が高い子の記録が下がった原因として、足がすべってしまうことが考えられる。

つまり、強くつま先で地面を蹴ってしまい、地表が削れて滑ってしまっていた。今回は、砂場の横から跳んだ。砂場の枠のように固い地面で実施しなかったのが原因である。

（6）小林正快先生の追試報告

立ち幅跳び指導を隣のクラスで行いました（体育は隣のクラスも持っています）。根本先生の期待している平均30cmの伸びはでませんでしたが、クラス平均18cm伸びました。こんなに変化するものかと指導しながら驚きました。特に運動の苦手な女子が感動して喜んでいました。１２５→１７５まで上がった女子は「え！　うそでしょ！」と言って何度も跳んでいました。

他の子に「ホントだよ！　跳んでるよ！」と言ってもらわないと信じられない様子でした。反省点としては、指導が少し抜けていた所がありました。
1　跳び箱を使った時につま先をかけることを指導していなかった。
2　目線は斜め上へ向かせていなかった。

意見（分かったこと、問題点、改善点）

○子どもたちの記録は軒並み伸びた。１００cmに満たなかった2人が１００cmを軽く超える記録を出し、喜んでいた。また、既に２００㎝を跳んでいたような子たちも更に記録が伸び、できる子・できない子両方に効果があることがわかった。

○腕を振ること、膝を曲げることは、得意な子たちは既にほとんどができていた。一方「最初からつま先立ちになる」ことが目新しかったようである。これが、得意な子たちの更なる記録の伸びにつながったと思われる。

○苦手な子たちは、息を吐いたり吸ったりしながら膝を曲げ伸ばしし、腕を振ることが難しいようだった。①②③のコツをもう少し丁寧に指導すれば良かった。膝を曲げることができない子が多く、①の部分で個別評定を入れても良かったかもしれない。もしくは、最初は腕だけを教え、その後で呼吸、最後に足（膝とつま先）というようなステップで教えた方が良かったかもしれない。以上の点をふまえてもう一度自分のクラスの子どもにも指導してみます。

全体の記録

No.	はじめの記録（cm）	終わりの記録（cm）	伸び（cm）
1	144	178	34
2	152	153	1
3	128	163	35
4	166	188	22
5	164	185	21
6	170	180	10
7	151	172	21
8	106	123	17
9	157	168	11
10	121	120	-1
11	115	144	29
12	113	150	37
13	138	158	20
14	163	182	19
15	110	114	4
16	110	150	40
17	157	168	11
18	121	155	34
19	120	146	26
20	175	195	20
21	128	152	24
22	100	110	10
23	150	171	21
24	123	138	15
25	165	180	15
26	150	198	48
27	148	178	30
28	160	188	28
29	140	175	35
30	159	174	15
31	130	135	5
32	186	205	19
33	145	152	7
平均	141.4	162.1	20.7

○記録が伸びていなかった子どもの原因分析

・膝を曲げた時、手が後ろまでいっていない・ためを作れていない・上手く両腕を前に振り上げることができなかった・腕を上げる時に勢いがない

（7）篠崎弘敬先生の追試報告

全体の記録

No.	はじめの記録（cm）	終わりの記録（cm）	伸び（cm）
1	151	160	9
2	145	160	15
3	157	174	17
4	129	142	13
5	185	180	-5
6	169	160	-9
7	209	220	11
8	180	180	0
9	172	167	-5
10	150	150	0
11	135	120	-15
12	130	141	11
13	145	185	40
14	144	178	34
15	130	140	10
16	160	170	10
17	137	159	22
18	142	145	3
19	136	141	5
20	110	112	2
21	153	155	2
22	145	165	20
23	142	157	15
24	152	147	-5
25	135	150	15
26	112	150	38
27	176	182	6
28	150	155	5
平均	149.3	158.8	9.4

（8）太田健二先生の追試報告

全体の記録

No.	はじめの記録（cm）	終わりの記録（cm）	伸び（cm）
1	160	190	30
2	80	70	-10
3	100	125	25
4	170	170	0
5	135	136	1
6	122	137	15
7	150	186	36
8	96	－	－
9	150	175	25
10	117	140	23
11	122	182	60
12	165	171	6
13	140	152	12
14	151	153	2
15	136	150	14
16	128	160	32
17	110	170	60
18	120	165	45
19	163	125	-38
20	110	154	44
21	163	175	12
22	104	158	54
23	130	145	15
24	155	150	-5
25	62	133	71
26	165	171	6
27	－	－	－
28	150	158	8
29	182	200	18
30	140	161	21
31	152	156	4
32	122	150	28
33	145	142	-3
34	169	190	21
35	173	170	-3
36	162	165	3
37	170	170	0
平均	138	157.3	18.1

7 追試報告　特別支援学級

（1）臼井俊男先生の追試報告①

立ち幅跳びの指導を、本日、特別支援の2名に実施できましたので、報告します。弥生会や、SNSには、実施方法をぬいて報告いたします。

1．実施日　平成23年3月1日（火）3校時　10分ほど

２．実施児童　特別支援学級　３年生２名（男子１名・女子１名）

３．実施場所　特別支援教室

４．実施方法　２月27日の千葉弥生会での根本正雄先生の指導の追試

①マットの上で立ち幅跳びの記録を取る。
②腕の動きを練習する。リズムよく10回。
③足の動きを練習する。リズムよく10回。
④足と手の動きを同時に練習する。10回。
⑤呼吸を動きと合わせて練習する。「スー、ハー」と声を出させる。
⑥⑤の跳び方で、教師といっしょに、教室内を両足跳びで飛び回る。
⑦マットの上から、後ろの人に足の裏が見えるように、跳ぶ。
⑧マットの上で立ち幅跳びの記録を取る。

５．実施結果（３回行って最大値）

男子87㎝→88㎝（＋１㎝）
女子76㎝→92㎝（＋18㎝）

６．気付いたこと

・特別支援の先生も、この指導法で、立ち幅跳びのコツがつかめると言っていた。
・ふたりとも、すでに跳ぶ前につま先で蹴れていたのが、記録の飛躍的な伸びに繋がらなかったと思う。
・男子は、手足と呼吸の共応動作ができていない。跳ぶ時に手が上がらず、呼吸もできていない。呼吸はとめているようだ。最初の記録の跳び方が崩れてしまっている。これらが記録が伸びなかった原因と思われる。
・女子は、腕と足の共応動作ができていた。呼吸と、足の裏を後ろに見せるのはできていない。

・10分ほどの指導だったので、もう少し②～⑦に時間をかければ、記録が伸びたかもしれない。

・特別支援の児童に、いくつかの動きの指示を同時に行わせるのはむずかしいが、根本式のスモールステップでの指導で、跳ぶコツはつかめ、記録を伸ばすことができると感じた。

（2）臼井俊男先生の追試報告②

昨日に引き続き、今日も指導ができましたので、報告します。

1．実施日　平成23年3月2日（水）2校時　5分ほど

2．実施児童　特別支援学級　9名

情緒　2名（2年男子・3年女子）

知的　7名（2年女子2名・3年男子1名※・3年女子1名※・4年女子1名・5年男子2名）※の2名は、昨日指導した児童である。

3．実施場所　特別支援教室

4．実施方法

2月27日の千葉弥生会での根本正雄先生の指導の追試

①マットの上で立ち幅跳びの記録を取る。

②腕の動きを練習する。リズムよく10回。

③足の動きを練習する。リズムよく10回。

④足と手の動きを同時に練習する。10回。

⑤呼吸を動きと合わせて練習する。「スー、ハー」と声を出させる。

⑥⑤の跳び方で、教師といっしょに、教室内を両足跳びで飛び回る。

※⑦マットの上から、後ろの人に足の裏が見えるように、跳ぶ。（未実施）
⑧マットの上で立ち幅跳びの記録を取る。

5．実施結果（○が記録が伸びた子、×が伸びなかった子）

3年女子※　70㎝→90㎝　○
3年男子※　81㎝→88㎝　○
2年女子　58㎝→65㎝　○
2年女子　80㎝→75㎝　×
3年女子（情緒）　46㎝→60㎝　○
2年男子（情緒）　30㎝→37㎝　○
4年女子　96㎝→102㎝　○
5年男子A　120㎝→128㎝　○
5年男子B　112㎝→130㎝　○
後から来て練習に参加しなかった3年男子　87㎝→86㎝　×

6．気付いたこと

・SSTの進言で根本式の最後の指導ができなかった。
・それでも、9名中8名が記録が伸びた。
・特別支援の必要な子どもなので、指導したことがすべてできてはいないのだが、それでも記録は伸びた。
・後から来て、指導を受けられなかった子どもも記録を取ったが、記録の伸びがなかった。比較することで、「根本式立ち幅跳び」指導法の優位性が際立った。
・足と手と呼吸の共応動作ができている子は、1名もいなかった。それでも記録は伸びた。

・記録が伸びなかった1名は、指導中でも、手が上がらない、膝が曲がらないなどの様子が見られた。特別支援担任ではないので、それ以上の指導はできなかったが、きちんとやらせていたら、記録も伸びたかもしれない。
・9名中8名の子どもが記録が伸びたということは、「根本式立ち幅跳び」指導法は特別支援にも有効な指導法だと思われる。

8 向山洋一先生　論文審査

「立ち幅跳びの指導」～根本式立ち幅跳び指導法追試～

岡山県総社市立阿曽小学校　岡本　純

一、根本先生の立ち幅跳びの実践

　関西地方のテレビ番組に根本正雄先生が出演した。立ち幅跳びの記録が平均5㎝の女性を30㎝以上跳ばせてほしいという依頼。大学、体操教室の先生が依頼を断るほどの難しい依頼だ。

　根本氏の数時間の指導を受けたその女性は、番組の中で、１４３㎝跳んだ。28倍以上記録が伸びた。

「できない子ができるようになる」という根本体育の神髄だ。

　その後、根本先生より立ち幅跳びの追試依頼があった。

二、根本式立ち幅跳び指導法

　2時間扱いである。

　1時間目は計測。

　2時間目。

指示1「先生が跳べない方法と跳べる方法でやってみます。どこが違うか、よく見ていてください（ゆっくり2回行う）」

Ａ　跳べない（①膝が伸びている、②踵がついている、③手の振り上げ振りろしげができていない）

Ｂ　跳べる（①膝が曲がっている、②つま先で跳んでいる、③手の振り上げ振り下ろしができている）

発問1「どうしてＢの方が遠くへ跳べるのですか。意見のある人は発表してください」

説　明「みんなの意見をまとめます。立ち幅跳びのコツは3つあります」

①膝を曲げます。この時、息を吐きながら、両手を下に下ろします。

②つま先で跳びます。つま先を蹴ると同時に息を吸いながら、両手を上に振り上げます（最初からつま先立ちの姿勢になる）。

③着地する前、両手を下に下ろしながら、息を吐きます。膝は曲げます。

テレビ番組の時にはなかった新提案も依頼文に書かれていた。

呼吸に合わせて動いていきます。①

で全部息を吐き切ります。すると自然と膝は曲がります。両手を下ろしながらすると自然に息は吐けます。ここで一瞬息を止め、間（ため）を作ります。

　つま先は跳ぶ瞬間にするのではなく、最初からつま先立ちになっています。つま先立ちになっていると、自然に前傾姿勢になり、斜め前方に跳べます。蹴ると同時に両手を上げます。手足の協応動作ができます。跳ぶタイミングが大切です。息を吸います。

　最後は両手を下に下げながら着地します。この時、息を吐きます。息を吐くと、膝は自然に曲がります。

　イチ、ニー、サンと声を出させて跳ばせると呼吸を強調しなくてもできます。

　①、②、③のコツは次のように板書か画用紙に書いて明示してください。

①　膝を曲げる　　息を吐く　イチ
②つま先で蹴る　息を吸う　ニー
③着地する　　　息を吐く　サン

指示２「３つのコツを身につけて、遠くへ跳ぶ練習をします」

①跳び箱１段の台から跳びます。つま先を台にかけて跳びます。
②次は踏み切り板の角につま先をかけて跳びます。
③最後はマットから跳びます。最初から最後までつま先で立ち、跳びます。跳び箱、踏み切り板、床の順番で跳びます。

その後、個別評定、練習、計測となる。

三、授業の実際

　２時間目の最初、根本氏が出演したテレビ番組を見せた。どの子も１４３cm跳んだ女性の姿を見て驚いていた。「この練習方法で記録が大幅にアップするかもしれないね」と話し、体育館に向かった。

　５年生の子どもたちは、やる気満々であった。

　呼吸の指導をした時、上手く息を吐き切ることができず、少し早いタイミングで跳ぶ子が目立った。イチでしっかり吐くことを強調し、見本を見せた。個別評定を行い、直ったように思ったが、計測になると、早く跳びたいという気持ちからか、ためが少ない子どもが多かった。

　結果（単位はcm）

	最初の記録	指導後の記録	伸び
a	170	170	0
b	160	163	3
c	160	155	-5
d	170	162	-8
e	140	136	-4
f	160	157	-3
g	140	155	15
h	160	152	-8
i	140	150	10
j	175	165	-10
k	150	147	-3
l	165	158	-7
m	169	170	1
n	185	183	-2
o	168	165	-3
p	160	155	-5
q	160	155	-5
r	151	162	11
s	165	153	-12
t	160	160	0

四、成果と課題

指導前のクラス平均記録１６０・４cm。

指導後のクラス平均記録１５８・65cm。

指導後、クラス平均記録が落ちた（１・75cm）。

20名中、５名の記録が伸びた。平均８cmの伸び。

変わらなかった子が２名。

13名の記録が落ちた。平均５・８cm。

一番伸びた子は15cm。体育があまり得意でない子だ。

これは、成果と言える。

しかし、半分以上の子の記録が落ちた。

これは大きな課題だ。

原因は、個別評定での合格基準が甘かったのだ。個別評定の甘さが、フォームの定着につながらなかったと思う。

呼吸を意識するあまり、体が硬くなっている子も見受けられた。３つのコツを体得していないのに合格させているからだ。練習をうんとさせて合格させる方がよかったのだ。

そして、記録計測の時、「いつもの跳び方でいいですか？」と尋ねた子が数人いた。

いつもの跳び方とは、手を数回前後に振り、勢いをつける跳び方である。

今回は、教えた通りに跳ぶように伝えて、跳ばせた。

特に、記録が５cm以上落ちた子は、運動の得意な子が多かった。ある程度運動感覚が身についている子にとっては、フォームの強制は必要ないのかもしれない。

もっと局面を限定して（例えばつま先で立って跳ぶ）、個別評定した方がよかったのではないかと感じている。

いずれにせよ、追試が一朝一夕にはいかないことを実感した。

跳び箱を使って練習

評定

授業の腕を高める論文審査　指導後の結果が悪かったのは？

向山洋一

根本先生の「立ち幅跳び」の指導は、あまりにも有名だ。

驚くべき結果を、テレビの放映で示した。５cmしか跳べない女性が、１４３cmも跳べたのだ。これは事実だ。

その方法を整理して、子どもたちに教えた。

その結果、指導した方が跳べなくなったのである。これは、実に貴重な研究報告だ。

「指導方法」を「同じ」にしたのに「結果の事実」が出なかったのである。

「指導方法」の、どこかが違っていたのである。同じではなかったのだ。

又は、年齢による違いかもしれない。

あるいは、原実践で「見落としていたところ」があるかもしれない。例えば、「応援」などである。「応援」は、かつて、日本大体育研究所の正木所長が、話してくれた。

低学年の子は、まっ赤になってがんばるが、効果はない。高学年は冷静そうだが、効果はある。

とすれば、研究は、始まったばかりである。

評定　特A

誰でも追試ができる根本式立ち幅跳び指導

小平市立小平第四小学校　島村雄次郎

指導時間1時間　場所　体育館
指導日3月15日（火）6校時
5年生　35名（8グループ）

最初の記録と指導後の記録で35人中26人の記録が伸びた

1番記録が伸びた子どもは、39㎝記録が伸びた

20㎝以上記録が伸びた　3人
10㎝以上記録が伸びた　8人
5㎝以上記録が伸びた　6人
1㎝以上記録が伸びた　8人

【指導の流れ】

①最初の記録・実態調査　15分間

年度末ということで、指導の時間が1時間しか取れなかった（実質の指導時間は60分）。何も指導しない状態で、4、5名のグループで最初の記録を取らせる、1人2回ずつ跳び、よい方を最初の記録とした。

②根本式立ち幅跳び指導　5分間

> 先生が跳べない方法と跳べる方法でやってみます。どこが違うか、よく見ていましょう（ゆっくりと2回行う）。

子どもを集合させて教師が2つの跳び方を示す。

A　跳べない跳び方
①膝が伸びている。
②踵がついている。
③手の振りあげ振り下げができていない

B　跳べる跳び方
①膝が曲がっている。
②つま先で跳んでいる。
③手を振りあげ振り下ろしができている。

> A　B、どちらが遠くへ跳べますか。

全員がBに手を挙げた。

> どうしてBの方が遠くへ跳べるのですか。

○膝が曲がっていた方が、バネがあるから。
○手を使うと勢いがつき、遠くに跳べる。
○踵を上げているから。
○フワッと跳ぶから。
○遠くを見ているから。
○体が前のめりになるから。

> 遠くに跳ぶポイントが3つあります。何でしょうか。

③遠くに跳ぶ3つのポイントの確認

1　膝を曲げる
2　踵を上げる
3　腕を振る

遠くに跳ぶポイント3つ

④新・根本式指導法の実践　５分間

呼吸を意識すると跳べる距離が違います。
どちらの方が、遠くに跳べるでしょうか。

Ａ　①膝を曲げる　　息を吐く
　　②つま先で蹴る　息を吸う
　　③着地する　　　息を吐く

Ｂ　①膝を曲げる　　息を吸う
　　②つま先で蹴る　息を吐く
　　③着地する　　　息を吸う

⑤つま先を意識して跳び箱の上から跳ぶ練習　５分間

呼吸の仕方は吸うときに跳ぶか、吐くときに跳ぶのかも意識して跳ばせる

呼吸を意識すると跳べる距離が違います。どちらの方が、遠くに跳べるでしょうか。

10人ほどが分からないと答えた。

⑥新・根本式指導法の説明　５分間

①膝を曲げます。この時、息を全部吐ききります。自然と膝が曲がるので、両手を下におろします。ここで一瞬息を止めてためを作ります。

②つま先で跳びます。つま先を蹴ると同時に息を吸いながら、両手を上に振り上げます。

つま先は跳ぶ瞬間にするのではなく、最初からつま先立ちになります。つま先立ちになっていると、自然に前傾姿勢になり、斜め前方に跳べます。つま先で蹴ると同時に腕を振り上げます。

③着地する前、両手を下に下ろしながら、息を吐きます。息を吐くと、膝は自然に曲がります。

新・根本方式では「イチ、ニー、サン」と声を出させて跳ばせると呼吸を強調しなくてもできるとあったが、自分で跳んでみて「ニー」を声に出しながら、跳ぶのに違和感を感じたので、

心の中で「イチ、ニー、サン」と唱えるのです。

と説明をした。

⑦呼吸を意識して踏み切り台の上から跳ぶ練習　10分間

その場でタイミングを取る練習します。

最初に「イチ」で膝を曲げる。「ニー」で、つま先で蹴る。「サン」で両手を振り下ろして、膝を曲げる。

タイミングをつかめたら、「イチニーサン」と呼吸を意識しながら跳ぶ練習をします。

⑧呼吸と腕の動きを意識した跳び方の個別評定を行う　５分間

グループごとに練習をしているマット（８か所）にまわっていき、「ニー」のところで、

①つま先で蹴っているか。

②息を吸っているか。

の2点をテンポ良く個別評定していった。

で、できていない子供は、やり直させて、全員ができるようにした。

⑨最後の記録をとる　10分間

最初の記録と同じように2回跳んで、よい方を記録する。

【結果】

最初の記録と指導後の記録の伸びとの差

35人中26人の記録が伸びた

記録が伸びなかった子どもの内訳

記録が変化しなかった子ども　3人

記録が落ちてしまった子ども　6人

⑩考察

記録が伸びなかった（変わらなかった）子どもには、運動が得意な子どもが5人いた。

授業後に最初の記録の映像を見直してみると、その子どもたちはすでに自分の立ち幅跳びの跳び方を自然と身につけている子どもたちであった。

自分の跳び方が、根本式立ち幅跳びの指導方法で跳んでいる子どもはよいのだが、違った方法で跳んでいた子どもは、自分の跳び方を急に矯正する形になるので記録が落ちたのだと考えられる。

運動が苦手な子どもは、1時間も同じ練習をしていたのでモチベーションが下がってしまったと考えられる。

しかし、1時間の指導で26人の記録が伸びたということは、根本式立ち幅跳びの指導方法は有効だと考えられる。

その理由として、

動作の細分化②③

スモールステップでの練習⑤⑦⑧

協応動作のイメージ化④

が挙げられる。

授業の腕を高める論文審査　日本中にショックを与えたテレビ番組だった　向山洋一

根本先生の実践を、よく整理して、追試してある。その意味ではAである。

しかし、この論文では、どうしても内容に含めてほしいことがあった。

テレビの人気番組「探偵！ナイトスクープ」で報道され、日本中に大ショックを与えたドラマだったのである。

２０１１年２月のことだ。

元気な家庭の主婦が「立ち幅跳び」で、５cmしか跳べなかった。ご主人も子どもたちも応援して、３年間練習したけど、やっぱり５cmだった。

友人が、30cmの所に1万円札を置いて「跳べたらあげる」といったけど、やはり駄目だった。

そして、ＴＯＳＳ体育の根本先生にテレビ局から依頼があった。根本先生は即座にＯＫして、大阪に向かった。

一度見せてもらって「大丈夫です」と、２時間指導をした。そして、大幅に跳べた。

なんと、１m43cm跳べたのである。

家族中がとび上がって喜んだ。テレビ局のクルーもびっくりだった。

評定　A

第5章

許鍾萬先生の『大学教授の「体育科教育」』報告

跳び箱の台から跳んで体が十分に伸びている

許鍾萬先生から、大学教授が「体育科教育」において、「探偵！ナイトスクープ」の映像を学生に見せたという報告をいただいた。どのように講義の中で活用されたのかを紹介する。

1 大学教授の「体育科教育」報告

「ある大学の教授の講座案内に根本正雄先生の名前が紹介されていた。左記のようにチラシと映像をもって、話しかけてみる」

「体育科指導法」という講座。開始まで時間があるので、テキストを読んでいた。すると参考文献に根本正雄先生のお名前があった。

根本正雄　編著　『体育科の授業はこう変わる』　明治図書

そういえば、ほかの講座で「探偵！ナイトスクープ」の映像を見たという学生がいた。何か縁を感じる。

1　根本先生の映像（「探偵！ナイトスクープ」、ほんわかテレビ）
2　ＴＯＳＳデーチラシ
3　龍馬君冊子のチラシ
4　「楽しい体育」バックナンバー

などのモノを用意した。ｉＰａｄにも、ＰＤＦ化した資料や映像を入れている。チャンスがあれば紹介したい。
もうすぐ開始。腰を痛めたので、実技は見学する予定。

2 「大学の教授がTOSSを紹介（1）」

1 「体育科指導法」がはじまって、最初の演習。

跳び箱を跳ぶという動作を、
言葉でノートに説明しなさい。

一瞬のざわめきのあと、それぞれノートに書き始めた。5分後、各班にわかれて発表しあった。意見をひとつにまとめなさいとの指示。

2 学生の発表を聞いた。

『跳び箱にむかって勢いよく走って、その勢いをロイター板につたえて、前のほうにとんで、手をついてとびこえたら、マットにとびおりる。』

おおよそ、上記のような内容が次々と発表された。特徴的だったのは、どの学生も一連の動きを連続的な文章で書いていたことだ。

私も発表した。まず、跳び箱を跳ぶための基本原理を話した。その後、いくつかの場面を区切って説明した。場面ごとに具体的な指導場面を紹介した。

ひととおり終わったところで向山先生のこと、根本先生のことを紹介した。はじめて聞いたようで、「具体的な教え方が知りたかった」「こんな内容の講義を受けたかった」と興奮気味にきいていた。書名もメモしていた。

3　次の作業は、図化。班ごとにまとまった意見を図でしめす。大修館の本のように、運動場面を細分化して書いていった。書くことで、またイメージがひろがった。

それぞれの班の図を黒板に貼り付けた。図をもとに、代表が発表していった。発表をもとに、質疑応答。

その後、どの班の図と説明がわかりやすかったか挙手。いくつかにしぼりこんで教授が解説した。

4　休み時間に、教授によばれた。

「許さんは、ＴＯＳＳなの？」ＴＯＳＳ名刺をわたしていたのでそれを見ておられたようだった。ＴＯＳＳのサークルで勉強していることを話した。

すると、「根本先生、知ってる？　この前テレビで紹介されていた」『はい。知ってます。「探偵！ナイトスクープ」のことですか？』「今からみんなに見せるから、言わないでね」という話になった。

跳び箱運動の細分化につづいてＴＯＳＳの紹介。おもしろい展開になってきた。

3　「大学の教授がＴＯＳＳを紹介（２）」

大学の教授がＴＯＳＳを紹介。

1　今から映像を見せますといって、準備されたＤＶＤはなんと「探偵！ナイトスクープ」だった。教授が、見たことがあるかと確認すると全員みていなかった（私は、知らないことにしてほしいと事前に言われていた）。

2　ＤＶＤがはじまると、学生さんたちは食い入るように映像を見ていた。途中、大爆笑につつまれながらもメモを取ったり、うなずいたりしながら見ていた。

教授が問題を出した。「このような状態なのです。みなさんなら、どのように指導しますか。近くの人と話し合ってください」

それぞれ意見を発表しあった。その後、ＤＶＤを再生した。予想していた指導法が出るたびに、大きくうなずいていた。が、全く変化しないことに驚いていた。走り幅跳びもダメ、垂直跳びもダメ、一緒に跳んでもダメ。

3

ここで、根本先生の登場。

学生さんたちは、一気にメモをとりはじめた。根本先生の指導がテロップで表示されるたびにノートにかきうつしていた。

映像を見終えると、拍手がわきおこった。教授は、このＤＶＤを担当の講義すべてで紹介しているという。スポーツ実技、子どもと表現、子どもと体育、体育科指導法……。

それぞれ、20～30名程度が受講しているので3月のあいだだけで、２００人近い学生さんに根本先生の紹介、ＴＯＳＳの紹介をしていることになる。

4

どのように紹介しているのだろうか。根本先生のＤＶＤを見た後の、教授の言葉をいくつかピックアップする。

■

どう受け止めるかという問題はありますけれども、まわりの人はいろいろ言ったけれども教えることはできなかったでしょ？

あの根本先生は、有名な、高名な先生です。大きな本屋さんに行って、小学校の体育関係のコーナーに行けば、ＴＯＳＳ（トス）、ティーオーエスエスって書いてある本がたくさんあって、種目別にいくつもあります。

■最初に出てこられて、指導方法、跳べるか跳べないか、何が問題かをまず話をされていますよね？　ということは、やっぱりそれだけ経験があるので、見て、何が悪いかがわかっている。

だから、そのために何をすべきか、ということのプログラムを持っているわけですね。たぶん、あの先生でなければ無理かといわれれば、そうじゃないかも知れない。

教え方には、いろんな方法があるので、一概に、唯一それしかないというわけではないでしょうけれども、結果として、何時間かの間に跳べるようになった。

■ということは、お母さんは、生まれてこのかた、ずーっとそのことを成功したためしがなかった。で、跳べるようになった。もう少し話は明日しますけれども。

（途中略）

初歩の段階では、跳ぶということを理解させるだけで極端に跳べるようになる。ということは、やっぱりあの先生が関わったからなんです。

■「褒めすぎじゃないか」って言ってたけれども、褒めすぎていけないことはないよね？　褒められて、悪い気がする人っていないでしょ？　指導する人間として、褒めるということは、やっぱり必要です。

それから、何がよろしくないか、どこを変えればいいかを、きちんと見つけて、それにあった指導、それから補助の仕方ということが提供できないと、できるようにはならない。

■やっぱり最後まで見ると感動するでしょ？　5㎝しか跳べない人が、1m43㎝跳ぶんだから。だから、そういった「できるという感動」や「喜び」を小学校のときに、味わわさせておけば、運動をきらいには当然なりません。

で、反対につまずいてしまうと、そこで先に行けなくなってしまうので成功体験をさせるということが、他の教科とはずいぶん違うところだと思います。

あしたは、跳び箱の跳ばせ方を実技でやるらしい。体育ＴＯＳＳデーのチラシ、体育の雑誌、など資料をもっていって紹介する。

４　「探偵！ナイトスクープ」の映像を『５分間』に編集した

ＴＯＳＳデー会場に来てくださる方々に根本先生の立ち幅跳び指導（「探偵！ナイトスクープ」）の映像はとてもわかりやすいと思う。

素人が教えるのと技術、技能を身に付けたプロフェッショナルが教えるのはかくも違うのかということがイメージできる。映像をまるごと流すと12分弱なので編集し「５分間」で収まるようにした。

５分ならば、休憩時間にも十分ながせる。演習形式にしても、10分以内でおさまるだろう。講座としても使える。

次のような構成になっている。

１　立ち幅跳びとは何か　約20秒
２　５㎝しか跳べない事実　約10秒
３　素人の教え方　約１分
４　根本先生の教え方　約２分30秒
５　１４３㎝も跳んだ事実　約１分

私がやってみようと思っている流れは、以下。

１　この番組を見た人がいるかどうか、確認する。

２　５㎝しか跳べない事実を見せ、参加者に相談してもらう。
「みなさんなら、どのように指導しますか」

３　相談した意見を発表してもらう。

４　素人（家族）の教え方を見る。

５　全く効果がない、変化がないことを確認する。

６　根本先生の教え方を見る前に、もう一度相談してもらう。
「その道の専門家が、今から2時間教えます。
何㎝跳べるようになったら、すごいですか」

７　相談した意見を発表してもらう。

８　根本先生の教え方と、１４３㎝跳んだ事実を見る。

９　このような技術、技能などＴＯＳＳデーで伝えたいことを話す。

第6章

人生は立ち幅跳びである

台からダイナミックに跳んでいる子ども

「探偵！ナイトスクープ」のA子さんとの体験から、私は多くのことを学ばせていただいた。立ち幅跳びが遠くに跳べたということも大切であるが、もっと根源的な人間の生き方について考えさせられた。

A子さんが１４３㎝跳べたのは、私の指導やテレビ取材のスタッフの力もあったが、それ以上にA子さん自身の力であった。

１４３㎝跳べた大きな理由は、A子さんが跳ぶコツを体得したからである。テレビには映らなかったが、公園で練習した時間と努力は半端ではなかった。午後2時から4時過ぎまでほとんど休まないで、必死になって練習した。「A子さん、足の筋肉は大丈夫ですか」と何度も聞いた。「大丈夫です。頑張ります」と弱音を吐かないで、練習に取り組んだ。

平成23年1月11日の朝は寒かった。長崎空港に降りるとみぞれが降っていた。途中から雨になった。こんな中、テレビの収録はできるのだろうかと心配になった。午後、ようやく雨が上がり、砂場のある公園で収録が始まった。約1時間後、A子さんはコンスタントに80㎝を跳ぶことができるようになった。私は不思議に思って、思わず質問した。

「A子さん、どうして80㎝も跳べるようになったの？」

それに対して、A子さんからは思いもかけない返事が返ってきた。

「最初から踵をあげているようにしたんです。そして、つま先で跳ぶようにしました。そうしたら、遠くに跳べるようになりました」

これを聞いて、「これだ！」と心の中で叫んだ。A子さんは上に跳ぼうとしていた。だから、砂場のコンクリート、ビールケース、箱を使って、角につま先が当たるようにして斜め上方に跳べるようにしたのである。

重心を前に倒して、体の重心のベクトルを斜め上方に持って行く体感をしてもらったのである。その究極の動きが、最初から踵をあげてつま先で跳ぶフォームなのである。

家族全員が、膝を曲げて、つま先で跳んでと言っても変わらなかった動きが、踵をあげることですべてがクリアーできたのである。

踵をあげれば膝は自然に曲がる。膝を曲げれば自然につま先立ちになる。つま先立ちになれば体重は斜め前になる。そのままの姿勢で跳べば強くキックでき、遠くに跳べるのである。

Ａ子さんは、繰り返し練習する中でこの方法を発見し、体得したのである。家族から何度も何度も指導されても変わらなかった立ち幅跳びが、自分の体験の中から生み出した方法によって変わったのである。

「踵をあげる」という指導を私はしていない。「最初からつま先立ちになる」という発想もなかった。全てＡ子さんが自分で考えた方法なのである。

何とかできるようになりたいというＡ子さんの必死の思いが方法を発見させたのである。それ以降、何度跳んでも80㎝をクリアーできた。

「ディレクターさん、練習はもういいでしょう。80㎝も跳べるようになったのですから」

私は疲れもたまり、寒かったので練習を終わりにしたかった。それに対して、ディレクターは「いや駄目です。１００㎝跳ばせてください。１００㎝跳ばないと絵になりません」と強く否定した。

今回の収録で一番厳しかったのは、実はディレクターであった。一切の妥協をしなかった。どんなに寒かろうと疲れがたまろうと妥協は一切しなかった。

Ａ子さんが１００㎝跳ぶまで練習をさせた。ついには、自分が何度も跳んで見せた。ディレクターと探偵役の長原さんが両脇を抱えて、跳ぶという感覚づくりを体験させた。テレビの番組作りを実際にみて、私は製作者の執念を感じた。

「こんなにまでして番組を作るのか」とスタッフの努力に心を打たれた。

１４３㎝という記録は、何とかして遠くに跳びたいというＡ子さんの願いと、１００㎝を何としてでも跳ばせたいというスタッフの執念が生み出したものである。

そこから、私は人間の生き方を学ぶことができた。壁に向かって努力していく限り、壁は乗り越えられることを実感した。

「この感動を全国の先生方、子ども達に伝えたい」というのが本書の目的である。人間の持っている可能性を、自らの力で引き出し、生きていくことの喜びを体現してほしいというのが私の願いである。

A子さんの立ち幅跳びの変容を見て、「運動音痴はいない」ことを学んだ。逆上がりができない、水泳ができない、自転車が乗れなくても、１４３㎝跳べたのである。

人生は、立ち幅跳びなのである。自分の可能性を信じ、自分の可能性を実現していくことが人生なのである。

あとがき

平成23年12月31日、正午から大阪朝日放送「探偵！ナイトスクープ」の特集番組が放映された。

番組を見ていた本吉伸行先生、松本俊樹先生、溝口佳成先生、和田孝子先生、佐藤泰之先生から、「立ち幅跳びのできない人への指導」が再放送されたという報告があった。

関東地区には流れないので、私は見ることができなかった。驚いたのは、「２０１１ナイトスクープ映像」第１位（長原探偵）になったとのことである。どのような経過で決まったのかは分からなかったが、１位になったというのは光栄であった。

それだけ感動が大きかったのである。「立ち幅跳びのできない人への指導」は何度見ても面白い。構成が見事である。最初にどうしても５㎝しか跳べない女性の映像を執拗に紹介している。家族がどんな方法で教えても変化がない。

初めて会った私が約2時間指導した後、女性は１４３㎝跳ぶことができた。途中どんな指導をしたかの詳しい様子は放映されなかった。練習中もカメラはずっと回っていた。私としては、どんな指導をしたのかを流してほしかったのであるが、残念ながらカットされていた。

しかし、それだからこそ１４３㎝跳べた感動が大きく伝わったのである。世阿弥の『花伝書』に「秘すれば花なり」という言葉がある。秘されるから花が輝いて見えるのである。跳べない状態と跳べた時のギャップ、落差が大きいほどドラマになる。深い感動が生まれたのである。

「立ち幅跳びのできない人への指導」には、多くの視聴者が共鳴できるストーリーがあった。ドラマがあったのである。初めから脚本があったわけではない。その時々の出来事を撮る中で、まったく予想もしていなかった結果が生まれたのである。

2月18日に放映された直後、カットされた上達の部分を再現し、授業に役立てようと考えた。誰もが指導できる内容にして、全国の先生方に実践していただこうと考えた。

44歳のA子さんが跳べるようになったのである。小学生が跳べないことはない。さっそく2時間の指導計画を立てて、全国の先生方に追試をしていただいた。予想したように、1年生から6年生までほとんどの子どもの記録が伸びた。

本書には、追試の報告をしていただいた実践がすべてまとめられている。テレビに負けないドラマが紹介されている。

追試を行ったのは、子どもだけではない。全国のＴＯＳＳ体育フレッシュセミナーで先生方にも立ち幅跳びの授業を行った。指導後、大きな変容があり感動が見られた。テレビと同じような感動が生まれたのである。

本書を活用して、子どもに立ち幅跳びの記録達成の喜びを体験させてほしい。そして、運動の苦手な子どもを一人でもなくしてほしい。

本書をまとめるに当たり、ＴＯＳＳ代表の向山洋一先生、学芸みらい社の青木誠一郎氏には大変お世話になりました。厚くお礼申し上げます。また、立ち幅跳びの追試をしていただきました、全国のＴＯＳＳの先生方には、深く感謝申し上げます。

平成24年1月15日

根本正雄

「全員記録達成！ 魔法の立ち幅跳び」執筆者一覧（執筆順）

川中朋子　岡山県総社市立総社東小学校
丸亀貴彦　島根県大田市立仁摩小学校
小松裕明　長野県長野市立篠ノ井東小学校
寺田真紀子　大阪府和泉市立黒鳥小学校
栗原元司　大阪府大阪市立西天満小学校
中田昭大　北海道猿払村立鬼志別小学校
小林正快　千葉県印旛郡栄町立安食小学校
大野眞輝　千葉県成田市立豊住小学校
毛見　隆　兵庫県加東市立社小学校
石坂　陽　石川県内灘町立向粟崎小学校
堀美奈子　大阪府東大阪市立荒川小学校
太田聡美　福岡県北九州市立井堀小学校
河野健一　千葉県千葉市立幕張西小学校
村田　淳　神奈川県精華小学校
原田朋哉　大阪教育大学附属池田小学校
東郷　晃　滋賀県大津市立石山小学校
福井　慎　三重大学教育学部附属中学校
五十子弘祐　滋賀県東近江市立八日市西小学校
松下弘司　兵庫県神戸市立岩岡中学校
本吉伸行　大阪府摂津市立三宅柳田小学校
三島麻美　島根県隠岐郡隠岐の島町立中条小学校
雨宮　久　山梨県甲州市立東雲小学校
冨築啓子　大阪府八尾市立高美小学校
地川雅望　広島県三次市立八幡小学校
小松和重　千葉県成田市立前林小学校
谷　和樹　玉川大学
和田孝子　兵庫県姫路市立網干小学校
石橋健一郎　鹿児島県鹿児島市立荒田小学校
川津知佳子　千葉県佐倉市立間野台小学校
脇坂浩之　滋賀県栗東市立治田東小学校
佐藤貴子　愛知県蟹江町立舟入小学校
竹内淑香　東京都調布市立飛田給小学校
三好保雄　山口県宇部市立見初小学校
飯島　晃　千葉県柏市立豊小学校
鈴木信也　富山県富山市立蜷川小学校
関澤陽子　群馬県館林市立美園小学校
光川　崇　福井県越前市立武生西小学校
岡本　純　岡山県総社市立阿曽小学校
鈴木恒太　東京都目黒区立鷹番小学校
島村雄次郎　東京都小平市立小平第四小学校
阿妻洋二郎　東京都杉並区立高井戸第四小学校
佐藤泰之　東京都江戸川区立松江小学校
小路健太郎　千葉県富津市立天神山小学校
東條正興　千葉県柏市立田中北小学校
青木勝隆　和歌山県和歌山市立西脇小学校
大井隆夫　福岡県北九州市立西門司小学校
中村雄司　千葉県千葉市立西の谷小学校
永井貴憲　岡山県岡山市立旭操小学校
稲嶺　保　沖縄県嘉手納町立屋良小学校
大谷智士　和歌山県九度山町立九度山小学校
篠崎弘敬　埼玉県上尾市立上平小学校
太田健二　宮城県仙台市立小松島小学校
臼井俊男　千葉県君津市立小糸小学校
許　鍾萬　兵庫県立香寺高等学校（非常勤講師）

【著者紹介】

根本 正雄（ねもと まさお）

昭和24年茨城県生まれ。昭和47年千葉大学教育学部卒業。
千葉市立更科小学校教諭（昭和47年４月〜昭和50年３月）
千葉市立寒川小学校教諭（昭和50年４月〜昭和57年３月）
千葉大学教育学部附属小学校教諭（昭和57年４月〜昭和63年３月）
千葉市立更科小学校（昭和63年４月〜平成３年３月）
千葉市立稲毛小学校教諭（平成３年４月〜平成７年３月）
千葉市立千城台北小学校教頭（平成７年４月〜平成10年３月）
千葉市立あやめ台小学校教頭（平成10年４月〜平成13年３月）
千葉市立弥生小学校教頭（平成13年４月〜平成17年３月）
千葉市立蘇我小学校教頭（平成17年４月〜平成18年３月）
千葉市立都賀小学校教頭（平成18年４月〜平成19年３月）
千葉市立高浜第一小学校校長（平成19年４月〜平成22年３月）

TOSS（教育技術の法則化運動）の向山洋一代表の理念に賛同しTOSS体育授業研究会の代表、および月刊『楽しい体育の授業』（明治図書）編集長を務める。「根本体育」の提唱者であり誰でもできる楽しい体育の指導法を開発し、全国各地の体育研究会、セミナーに参加、普及にあたっている。

【最近の活動状況】

平成22年10月 大阪読売テレビ「大阪ほんわかテレビ」逆上がりの指導出演。逆上がりのできない５年生女子を１週間でできるようにする。
平成23年２月 大阪朝日テレビ「探偵！ナイトスクープ」立ち幅跳びの指導出演。５㎝しか跳べなかった44歳の女性を143㎝跳ばせる。
平成23年３月 テレビ朝日「お願い！ランキング」関ジャニ∞の鉄棒仕分けに出演する。関ジャニ∞の鉄棒演技を見て運動神経を仕分けする。
など、マスコミなどにも登場し、話題をよんでいる。

【代表的な著書】

□『わかる・できる「根本体育」の基礎・基本』シリーズ（明治図書）1985年
□ 誰でもできる楽しい体育（明治図書）1985年
□ 楽しい学習活動のさせ方（明治図書）1985年
□ 誰でもできる楽しい体育Ⅱ（明治図書）1986年
□ さか上がりは誰でもできる（明治図書）1986年
□ 楽しい授業づくりの法則（明治図書）1987年
□ 体育科発問の定石化（明治図書）1987年
□ すぐれた体育授業のモデル化（明治図書）1988年
□ 体育授業に使える面白クイズ（明治図書）1989年
□ 続・体育科発問の定石化（明治図書）1989年
□ 体育科指導案づくりの上達法（明治図書）1989年
□ 体育科新指導要領の本当の読み方（明治図書）1989年
□ 法則化楽しい体育の指導技術 小学１年～６年（計６冊）（明治図書）1990年
□ 指示の技術（明治図書）1991年
□ 写真で見る体育授業テクニカルポイント⑴「かかえ跳び込み」の指導技術（明治図書）1992年
□ 体育科「関心・意欲・態度」の評価技法（明治図書）1993年
□ 体育授業づくり全発問・全指示１ 体育授業技術入門（明治図書）1993年
□ 体育授業づくり全発問・全指示８ マット運動（明治図書）1993年
□ 体育授業づくり全発問・全指示10 跳び箱運動（明治図書）1993年
□ 教師生活の条件（明治図書）1994年
□ 習熟過程を生かした体育指導の改革（明治図書）1997年
□「体育授業の法則化」で授業が変わる（明治図書）1997年
□ 一流スポーツ選手が残した名言・名句61（明治図書）1998年
□ 一流選手を育てた“指導の言葉”名言・名句55（明治図書）2000年
□ 授業に使える「体ほぐし」48選（明治図書）2000年
□ 体育の達成目標と授業改革 低学年（明治図書）2003年
□ 体育の達成目標と授業改革 中学年（明治図書）2003年
□ 体育の達成目標と授業改革 高学年（明治図書）2003年
□ １週間でマスターできる体育教科書シリーズ⒇『“頭跳ね跳び”新ドリル』（明治図書）2004年
□ わかる・できる「根本体育」の基礎・基本 第１～10巻（明治図書）2005年
□“学校づくり”をメインにした新しい授業システムの指導（明治図書）2010年
□“食育”をメインにした新しい学級活動の指導（明治図書）2010年
□“体力つくり”をメインにした新しい学校行事の指導（明治図書）2010年
□ 世界に通用する伝統文化 体育指導技術（学芸みらい社）2011年

全員達成《ぜんいんたつせい》！　魔法《まほう》の立《た》ち幅《はば》跳《と》び　「探偵《たんてい》！ナイトスクープ」のドラマ再現《さいげん》

2012年4月15日　初版発行

著　者　根《ね》本《もと》正《まさ》雄《お》

発行者　青木誠一郎

発行所　株式会社 学芸みらい社

〒162-0833 東京都新宿区箪笥町43番 新神楽坂ビル

電話番号 03-5227-1266

http://www.gakugeimirai.com/

E-mail : info@gakugeimirai.com

印刷所・製本所　藤原印刷株式会社

ブックデザイン　荒木香樹

落丁・乱丁本は弊社宛お送りください。送料弊社負担でお取り替えいたします。

ISBN978-4-905374-05-3 C3037